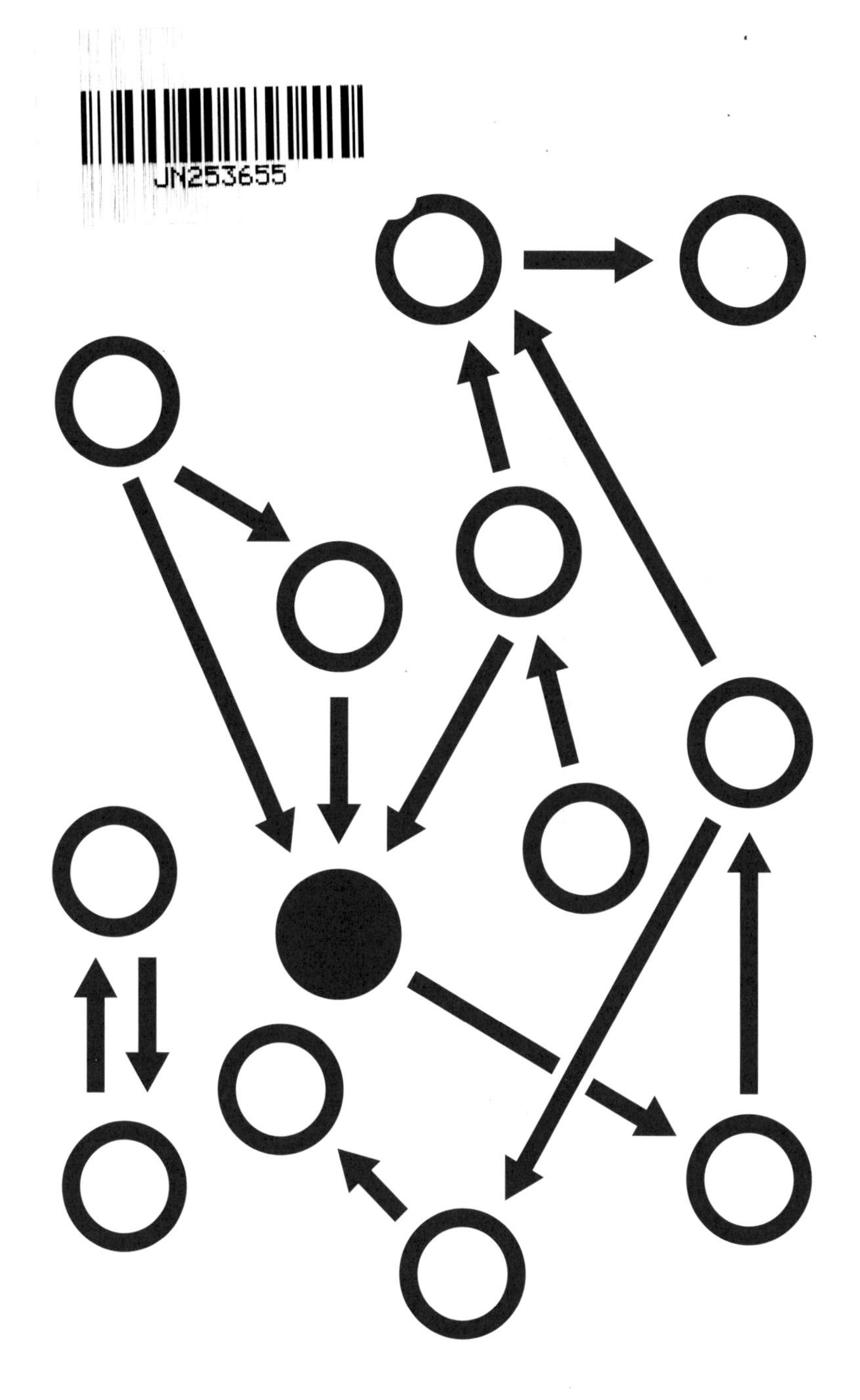

演劇

学

はじめに

演劇、そして演劇ワークショップの手法はこの十年ほどで広く学校現場で実施されるようになってきました。平田オリザの教材は国語の教科書にも採用されており、本人は現在も全国各地で自らモデル授業を実施しています。蓮行の開発した演劇ワークショッププログラム「演劇で学ぼう！」シリーズは、環境・防犯・防災・食育などのテーマで実施されています。しかし一方で、演劇の持つ様々な教育学習効果その費用対効果の高さに比べてまだまだ実施されている割合は小さく、非常にもったいないと感じています。

さて、平田オリザも蓮行も学校教員の研修の仕事は数多く実施していますが、蓮行が自分の講座の導入で開陳している「不親切グラフ（不親切理論）」をご紹介したいと思います。

横軸には親切さ、縦軸には達成度や学びの大きさをとります。この親切度と達成度の相関関係は、図のようになります。

つまり、教える側が親切にすればするほど学びは下がってしまうのではないかという仮説です。

忙しい現代人、中でも特にこの本の主たるターゲットとなっている「学校の先生」は多忙な仕事の代表格であり、子どもを育てるという高邁な仕事に就いていらっしゃいます。ヒマ人の代表格である演劇人とは訳が違います。そんな忙しい皆様にこの本を一冊読んで頂く以上は、少しでも多くのものを得て、感じていただきたいと考えております。そうである以上、この不親切理論に基づきますと、本の内容があまりクリアで分かりやすくてはいけないと感じています。一方で、演劇というかかわったことのある人口が少ないであろうジャンルを扱いますに、分かりやすくする必要もあるでしょう。この本はわかりにくくしなければという思いと、分かりやすくしなければ本格的に訳がわからないというせめぎ合いの中で書かれています。是非皆さんには、「ん？　よくわからない……？」というところが出てきても、知力・感性・想像力を駆使して不親切のハードルを跳び越えていただきたいと思います。

　そして、いきなり不親切で恐縮ですが、プロローグは写真とセリフで綴る、演劇ワークショップの実践シーンです。それは、こんなナレーションから始まります……。

不親切グラフ

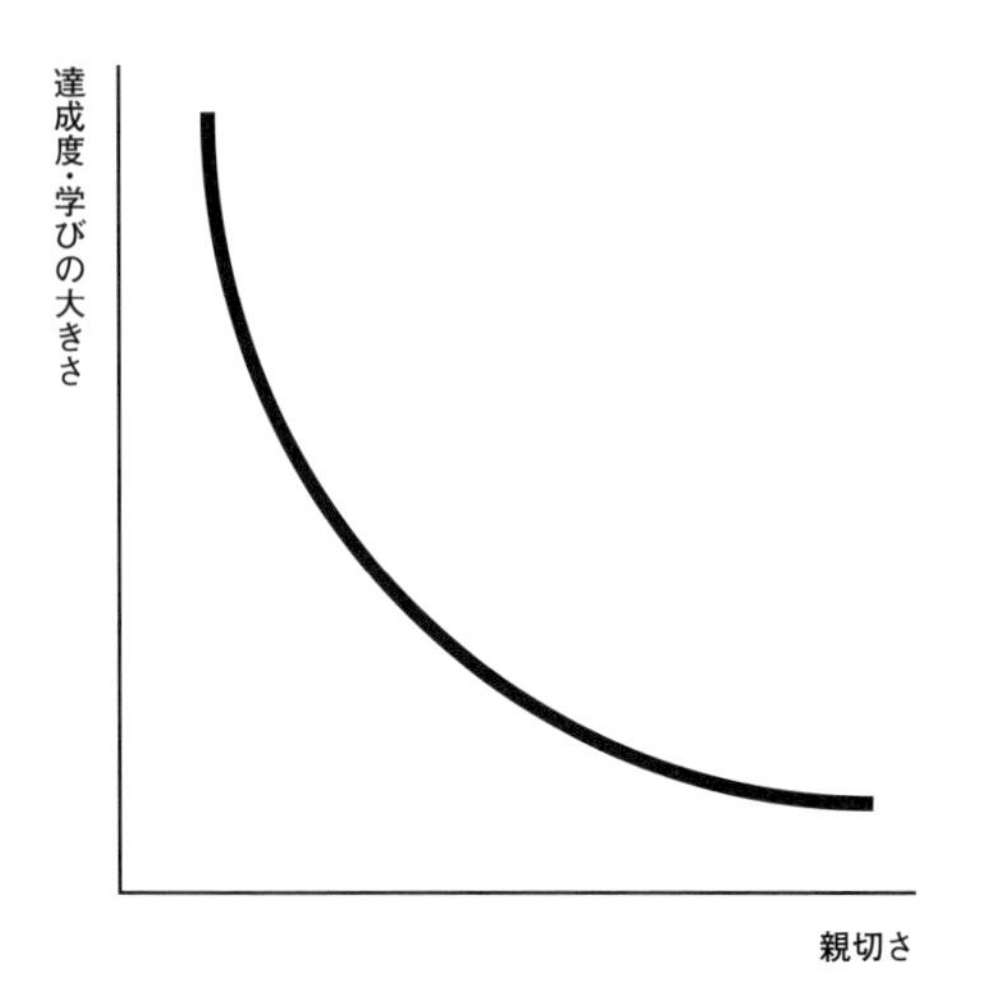

ナレーション

「演劇人の朝は遅い……。小劇場演劇のプロの劇団である劇団E星の女優、黒Gは、特に朝に弱い……。軽い猫背で、とぼとぼ小学校の門をくぐる。だが、ひとたび子どもたちの前に立てば、女優そしてコミュニケーションティーチャーとして、無類の輝きを放つのである……!」

目次

プロローグ

演劇をはじめよう！

蓮行

黒G　「さあ、よい声を出すには、背筋をまずグーッと伸ばさないといけません。手で天井をギュッと押すようなつもりで、はい、ご一緒に、ギューッ！」

子どもたち　「ギューッ！」

黒G　「はい、いいですね！　では次は、あくびの口に、皮をむいたゆで卵を飲み込むつもりで、ア〜、と大きな声を出します。ア〜！」

CONTINUE
KISS♥BERRY

子どもA　「うわ〜、ほんまに長縄回してるみたいや〜」

黒G　「ヒザをうまいこと使ってるから、リアルに見えるなぁ」

子どもB　「次の人、はよ入って〜！」

子どもC　「疲れてきた〜！」

relax
through
the
295
95

黒G　「はい、舞台の奥のセンターから上手（かみて）に動いて！」

先生　「えーっと、どっちがどっちやったかな……？」

子どもD　「先生、そっちは下手（しもて）やんか！」

黒G　「先生！　上手下手覚えないと、舞台には上がれませんよ！」

下手
上手
お客さん
よくみろ
トレーニング
はっぴょう会

子どもE　「……」

S藤　「あれ？　セリフ忘れちゃった？」

子どもE　「いや、覚えてるけどぉ……。見られてると緊張して忘れる」

子どもF　「もう三回くらい練習するから、その後に見に来て！」

黒G　「うん、黒ちゃんの劇団でも、みんな大人やけど、よくケンカするで」

子どもG　「……。怒ってごめんな……。」

先生　「よし、ほなみんなで、仲直りのエイエイオーしよか」

みんな　「エイ、エイ、オー!!」

よくきく
1624

きょうのよてい
3時間目 れんしゅ
4時間目 1組さんと
5時間目 さんかん
WITH ME

第一章

コミュニケーション教育と演劇

平田オリザ

本章では、平田オリザに対して蓮行がインタビューを行い、その言説を文章にまとめて「コミュニケーションとはそもそも何なのか?」を明らかにすることを試みます。そして、それを子どもたちに身につけてもらうために、政策論まで含めて論じます。

一　現代の子どものコミュニケーションの問題とは?

全ての子どもに必要な「コミュニケーション能力」

世の中では、この十数年の間、「コミュニケーション能力」というものが声高に叫ばれていて、特に就職活動の場合などではヒステリックなほどに言われています。しかし、少し大げさに叫ばれ過ぎているところがあるように感じますし、また、そこで言われている「コミュニケーション能力」というものは、やや定義が曖昧すぎるようにも感じます。

私たちの言う「コミュニケーション能力」は、人間が生きていくための基礎学力であって、それほど高度なものではありません。百メートルを十二秒以内で走らせようというようなことではなくて、ちゃんと練習をすればほとんどの子どもは二十秒を切って走れる、というようなことですね。

ただ逆にいうと、昔はそのようなことを気にしなくてもよかったのですが、これからはある程度、どのような職業に就くにしても最低限それくらいのコミュニケーション能力は必要になる、というのがコミュニケーション教育の一つの基準になると思います。

それは簡単にいうと、一見精神論的に聞こえるかもしれませんが、きちんと人と挨拶ができるといったことや、とつとつとでもいいから自分のことをちゃんと紹介できるといったことです。あと、これは皆さんも実感してもらえると思いますが、「嫌なことを嫌と言える」といったことや、「感謝の言葉がちゃんと伝えられる」といったこと、「失敗したときにきちんと謝ることができる」といったことも含まれます。特に、「謝ることができる」というのは大きいですね。失敗したときにきちんと謝ることができない子どもがいます。謝った経験がないのでしょうね。でもそれは子どもに限らず、普段私たちが教員として接している大学生でもよくあることです。

コミュニケーションが苦手な人は昔からいた？

こうした、コミュニケーションの問題に対して二つ大切なポイントがあります。一つは、そういう子ども、つまり「嫌」だと言えない子ども、なかなか自分のことを紹介できない子ども、感謝やお詫びをうまく言葉にできない子どもは、昔から一定数いたのではないかということです。だからあまり過剰に反応しないことです。無口な子どもやおとなしい子どもは昔からいたのだけれど、それはそれなりに社会の中でそういう子どもたちの居場所があったのです。しかし社会が多様化していく中で、そういう子どもたちが生き辛くなってしまった。それは社会の環境が変わってしまったわけで、実は同情しなければいけない部分もあるかもしれない。それを、「いまどきの子どもは謝りもできないのか」などというおじさんがいますが、むしろ謝れないのは、そのおじさんたちだったりもします。

子どもだけではありません。たとえば無口な職人というのはひと昔前まではよいイメージだったのが、今は無口な職人はなかなか就職できません。ただ、無口な職人が無口な職人のままでいられたのは、やはり製造業が男性中心の、ある程度同質な社会だったということが大きいでしょう。かつてのように、製造業の現場が無口な男性ばかりならそれで済むのでしょうが、今はどのような工場にも女性従業員もいれば、外国人労働者もいるわけです。そうすると無口な職人は怖く見えますよね、何を考えているかわからないですから。やはり異文化（男性から見れば女性も一つの異文化といえるでしょう）と接触したときには、自分の思っていることを声や態度、形にして表すことが必要です。お茶を出してもらってありがたいと思ったら笑顔で「ありがとう」と言うのは大事なことです。少し前までなら、そういうことはしなくてもよかったのかもしれません。上司が缶コーヒーを買ってきて黙って差し出す、という飲料メーカーのテレビコマーシャルのようなやり取りで済んでいたのかもしれないですが、もはやそうはいかないわけです。

そこには同情すべき点もありますし、あるいは社会が変わってきて新しい社会的弱者が登場することになった、と考えることもできます。またそれによって今まで社会的弱者と思われていた人も、いきなり既得権者の側に回ってしまう可能性もあるというのが多様化の一つの状況ですので、そういった変化もきちんと理解してコミュニケーションについて考えなければならない。

自然状態で身につかなくなった力

もう一つのポイントは、本来そういう能力はみんな普通に成長段階で家庭や地域で身につけられたものなのだけれども、複雑な家庭環境の子どもが増えてきたこと、核家族化や少子化、それに地域社会が崩壊してしまったことによって、そういうものが自然状態では身につけられなくなってしまっている子どもが一定数いるという面があるということです。

たとえば駄菓子屋さんというのは明らかにコミュニケーション能力が高い子どもの方が得をするシステムでした。駄菓子屋さんのおばさんと仲よくなると五回に一回当たりくじを引かせてもらえるというようなことがあったのです。その姿に憧れて、小さな子は早く大きくなりたいと思ったものですが、今はコンビニでお金さえあれば何でも買えますし、そこに交渉は存在しませんから、コミュニケーション能力は必要ないし、それを身につけても得なことも何もない社会なわけです。今の子どもたちからすると、コミュニケーションするのは大変なだけ、と思ってしまうような社会をつくってしまったのです。

「情報化」という要素も大きいと思うのですが、基本的にコミュニケーションしなくても生活ができてしまう。ワンクリックでモノが買えますから。本屋の親父と話さなくても、ショッピングサイトが読まなければいけない本を全て教えてくれるような社会。コミュニケーション能力を身につけることが、家庭でも難しい、地域社会でも難しい。ならばこれを学校で学ばせなければならない時代になってきたということを押さえておく必要があります。

もちろん、家庭の問題と地域社会の問題を解決するということも長期的には重要ですが、喫緊の課題として、学校が「子どものコミュニケーション能力の問題」に取り組まなければなりません。このことをきちんと確認しておかなければ「そんなもんは現場で身につけたもんですけどなぁ」という人や「そんなことまで学校でやんなきゃいけないの、それは家庭でやることじゃないの」という人たちとの不毛な議論がもう一回繰り返されてしまうことになります。このような議論は「シングルマザーの子どもだからダメなんだ」といった偏見も助長していくことにつながってしまう。

また、コミュニケーションの問題は偏差値と関係ないということも押さえる必要があります。中高一貫の男子校でセキュリティの強いマンションに住んでいる一人っ子のコミュニケーション能力が低いというケースも非常に多い。ですから、ここまで挙げたような様々な要素をきちんと見ていってあげないと、また子どもを無意味に追い詰めてしまうことになってしまいます。

もう一度確認しますと、「子どものコミュニケーション能力の問題」については、次の二点を押さえておく必要があります。昔からそういう問題はあったのかもしれないけれど、それが顕在化してきてしまったという点。それから、もともと自然状態で身につけられたものが身につけられなくなっているという点。これらを踏まえた上で、最初に述べたような「嫌と言える」「自分を紹介できる」「お礼やお詫びが言える」能力を身につけるようにすることができればよいのではないかというのが、私たちのいう「コミュニケーション教育」です。もちろん世界に通用する人材としての「グローバル・コミュニケーション能力」を伸ばしてあげるにも様々な方法があるのですが、どちらかというと今まで私たちが取り組んできたのは、そうした基礎的な意味での「コミュニケーション能力」の育成についてです。

二　コミュニケーション教育と演劇

演劇づくりはコミュニケーション能力を育てる

私たちのコミュニケーション教育では演劇や演劇的手法を活用します。演劇に触れた経験がない人が演劇と聞いて思い浮かべるのは、なにか台本があって、それを「うまく」演じたり覚えたりするといったイメージだと思います。確かにこれは、かつて使われてきた演劇教育の手法ではあるのですが、今、私たちが実践している演劇教育は、主に「つくる過程」を大切にし、子どもたちが主体的に演劇に参加するというプログラムです。ストーリーやセリフはもちろん、長期のものではスタッフワークを含めた役割分担も自分たちで考えます。短期のものでもタイムキープは自分たちで行います。この過程で子どもたちはコミュニケーション能力や合意形成能力、広い意味での協調性を身につけていきます。

また、演劇にはセリフがあります。詳しくは後述しますが、セリフは登場人物同士の対話です。ですので、演劇をつくるときには、登場人物が何を話すのか、どういうやり取りをするのかを考える必要があります。

つまり、コミュニケーションについて、俯瞰して考える必要がでてくるのです。

このように演劇をつくる活動というものは、つくる過程で子どもたち同士のコミュニケーションを促すと同時に、登場人物同士のセリフを考えることで、コミュニケーションの基礎力を育てることができる活動なのです。

コミュニケーション教育だけでない効用

演劇をつくる活動では先ほど述べたように、ストーリーやセリフを考えますし、場合によっては場面や状況の設定なども考えることもあります。こうした活動の中で、創造力や発想力、そして発想を実現する力が発揮される。それがこの後で述べる、来るべき大学入試改革での試験問題としても採用されやすい理由でしょう。従来の学力、要するに記憶、特に短期記憶や集中力、根性のようなものだけを問う試験から入試の本質を変えていくためには、演劇というのは非常に力を発揮すると私は考えています。

大学入試改革も見すえて、今後、高校だけでなく小、中学校でもディスカッション型の授業や双方向型の授業、参加型の授業というのがますます求められていくのは間違いありません。今まではなんとなく大切だ、といった程度にとらえられていたものが、必須になっていくということです。しかしこれは、大学入試のためだけでなく、その先の、未来の社会に生きていく子どもたちにとって必須の力となる。そのために、コミュニケーションを扱った授業が必要だということです。

参加型の授業をどう成立させるのかを考えるときに一番大切なことは、授業をおもしろくするということではないでしょうか。子どもたちの関心の方向がバラバラで多様化していて、昔のように先生が憶えなさいと言って憶えるような子どもたちばかりではない。また、そういう教育にも意味が薄くなっている中で、どのように参加型授業に「参加」を促し、活性化していくのかということです。実感として、私たちの世代くらいまでは、少なくとも小学生の頃は勉強嫌いでも学校は楽しいところでした。でも今は、学力調査のアンケートの結果を見ても、小学校五、六年生で学校が嫌いという子どもが一定数いて、これは少しさびしい感じがします。せめて小学校くらいまでは、勉強はわからないけど楽しい、友だちと一緒に勉強すること（私は「共に学ぶ」といっていますが）がなぜか楽しいというように感じてほしいと思います。それがこれからの学校の一番の役割ではないかと思います。

今は「反転授業」というものもありますが、これはつまり、知識や情報を得るだけなら家でインターネットを通じてでもできるということです。端末を配って、ここからここまでやってきなさいということも可能なわけです。そうすると、学校で学ぶということの意味がもう一度根本的に問い直されることになってきます。そのときに「共に学ぶ」ということの意味が、非常に重要になってくると思います。そして、「共に学ぶ」ということに際し、集団で取り組む芸術である演劇あるいは演劇的手法が各教科の中に落とし込まれていくことが、授業を活性化させる一つの大きな切り口になるのではないか、と考えています。

演劇的手法はどのような授業にでも使えますが、その強みは、様々な価値観があったときに、それをひとつに集約するのではなく、価値観はバラバラなままである種の暫定的な解決方法を考えだす、というところにあります。演劇というものは、もともとそのために生まれたといってもいいぐらいに、そこに強みをもっています。同じ価値観で、楽しく事件もなく暮らしている様をえがいたところで演劇にはならないわけですから。もちろん、演劇の中では、「暫定的な解決方法」にもたどり着けず、まさに悲劇として結末を迎えることもあるわけですが、そこにすら現実の世界への大きなヒントは示されます。

日本には何故演劇教育がないのか

演劇がコミュニケーション能力の育成に役立つ理由はまだまだあるのですが、その前になぜ今まで、日本の公教育の中に演劇教育というものがなかったのかについて、少しご説明します。

現在、演劇というのは、海外の先進国では学校教育の中に深く入っています。ですので、私は「何故演劇教育が必要なのですか」という質問に対して面倒くさくなるとつい「無い方が変なのですよ」と答えてしまいます。世界基準では演劇がある方が自然なのだと言いたいわけです。

歴史的な経緯でいいますと、音楽教育と美術教育は少し早く、十九世紀からはじまっています。当時の日本は欧米、特にヨーロッパの最先端の学校教育制度を研究して導入していましたので、最初から音楽と美術はあったのですが、演劇教育はこの段階ではヨーロッパにも一部のエリート教育にしかなく、一般の公教育にはありませんでしたので、当時の日本が参考にすることもできなかった。また、日本の音楽教育と美術教育はもともと「富国強兵」、つまり強い国家と強い軍隊をつくるための要請で生まれたものなのですが、演劇はやっても軍隊が強くならない、個人主義に目覚めてしまい、かえって弱くなってしまうということも言えるでしょう。

しかしそこがポイントです。つまり、演劇は民主主義を支えるにはとても重要なのです。民主主義の教育あるいは市民化教育は、早い国ではおおよそ第一次世界大戦後、遅い国でも第二次世界大戦後に世界各国で始まっていくのですが、その過程で演劇が取り入れられていったのです。演劇は「心を一つにして同じ方向に突き進め！」という「富国強兵」には向かないけれど、「個々の差異を認めながら、どうにか合意をつくる」という民主主義教育には大きな力を発揮するのです。

では、なぜ日本では戦後も取り入れられなかったかというと、まず演劇が労働運動と密接に結びついたこと。さらに、政権が固定化していたことがあげられます。政権交代があれば、よいものはそのときに取り入れられます。それが政権交代のよいところです。政権交代がないと、反対勢力の側にも新しいものを現実的な政策に落とし込んでいく能力がなくなってしまい、結果として演劇を政策の中に入れることができません。しかし、九十年以降冷戦構造が崩壊してはじめて演劇教育というのが現実的な政策の中に織り込まれてきたというのが日本における歴史的な経緯です。ヨーロッパなどでは演劇を用いた教育ジャンルについて「ドラマティーチング」や「ドラマティーチャー」という呼称があるのですが、それを日本の行政に対しては「コミュニケーションティーチング」や「コミュニケーションティーチャー」という言葉に置き換えて紹介していく、という工夫や苦労もしました。

多様性の理解

先に演劇は民主主義教育を支える重要な要素だという話をしました。それはおそらく「多様性を理解する」ということに向いているということだと思うのです。演劇は音楽や美術よりも、「多様性の理解」のためにより強い力を発揮するだろうと私たちは考えています。そして「多様性の理解」が、その後に続く「自尊感情」や「想像力」など、いろいろな力に結びついていくのだろうと思います。

演劇をすると、ともかく、世の中にはいろいろな人がいるということを肯定できます。そもそも演劇はいろいろな人がいないと成り立たないから。これが音楽や、どちらかというと個人作業になりがちな美術とは違うところです。音楽は、技術の差が出やすいですし、基本的に一つのことをみんなでやるという方向です。ハーモニーというのはまさにそういうものですよね。演劇は、ハーモニーでもありません。

最近私は、兵庫県の豊岡市と非常に深くかかわりをもっていて、本書でも豊岡市の事例をたびたび紹介しているのですが、「多様性の理解」が子どもに「実感」できて、それから「自尊感情」「自己肯定感」が生まれるという私の考え方が、中貝豊岡市長が私に出会う前から仰っていたこととピンポイントでつながって、短期間に今の関係が構築されました。

中貝市長のキャッチフレーズのひとつは、「これでいいのだ」。豊岡でいいのだ、豊岡に生きていくことに誇りをもつのだ、という意味です。東京が偉いわけではないということをずっと仰ってきたわけです。彼は、もともと演劇に注目していたわけではなく、私が「城崎国際アートセンター」の設立にかかわることになったことで、私と演劇に出会うことになりました。

他者とコミュニケーションを取る主体である「自己」を肯定できる、これがコミュニケーション能力の根本ですが、「これでいいのだ」という自己肯定感が、演劇から育まれます。「みんな違ってみんないい」という多様性の理解の後、だから私は私でいいのだ、私には私の居場所があるのだ、ということを実感することに、演劇は最も力を発揮すると思います。

演劇や演劇的手法を使った活動については、蓮行さんが担当されている第二、四、六章で、セミドキュメンタリー戯曲とともに紹介していますので、そちらをご覧ください。また、第三章では学校教育以外の例も紹介しながら、具体的な内容を説明していきます。

三　コミュニケーション政策

大学入試改革で大きく変わる

ここまで、コミュニケーション教育に演劇がいかに有効かという話をしてきました。ただし、コミュニケーション能力の問題に取り組むには、学校現場の努力や改善はもちろんのこと、教育を取り巻く行政の「政策」としての取組みや民間の協力が必要不可欠です。本節では、コミュニケーションの問題を「コミュニケーション政策」という視点から論じます。

最近は「アクティブ・ラーニング」という考え方が広がってきています。アクティブ・ラーニングは非常に広い意味で使われていますが、演劇だけではなく、演劇的な手法や第三章で少しふれるワークショップ的な手法などを使った、「対話型の教育」は、その中でも大きな位置を占めます。ただ言葉だけは広がってきているのですが、それを実現する基盤整備が追いついてない状況です。アクティブ・ラーニングの広がりに、最終的な決定打になったのが先ほど少しふれた大学入試改革でしょう。二〇二〇年度から大学入試改革が本格的にスタートし、基礎的な学力を問う一次試験と、各大学で潜在的な学習能力、創造性や発想力などを問うような二次試験を行うことになります。文部科学省は相当強い意志をもち、補助金などを使いわけながら、きちんと改革を進めた大学と、それをしない大学で明らかな差別化をしようとしています。

試行は既にはじまっている

すでに私立などでは、入試改革の前倒し実施も始まっています。たとえば私の母校のＩＣＵ（国際基督教大学）では昨年度から大学の講義を受けてノートをとり、それに関しての設問に答えるというような試験に変わりました。入試にグループワークを取り入れる大学もあります。演劇や紙芝居をつくったり、映画を見て感想を語り合ったりといった試験を実施しようという試みです。

また、大学入試改革に合わせて、様々な実験的ともいえる取組みが、大学院の奨学金選抜の試験などで試行されています。私自身は、二泊三日で学生をホテルに缶詰にして演劇をつくらせる試験や、映画をつくらせる試験、絶対に読み切れないような量の医療経済学の本を一冊渡して、その中からある一つの章をテーマにしてみんなでディスカッションドラマをつくるというような試験をしました。これらのように、今までの試験とはまったく異なるスタイルの大学入試がすでに始まっています。

こうした内容はやみくもに出題されているのではありません。たとえば私たちの研究グループでは、世界中のエリート校の試験を調査しました。その中のある大学では、八人程度の班でレゴを使って巨大な戦車をつくるという試験問題が出題されていました。これは意外と大変で、デザインから作業工程の作成、実際の組立てまで八人でやらなければいけない、しかも絶対に時間内にはやりきれないような課題です。計画を途中で変更する柔軟性も要求されるし、地道な作業も厭わずやらなければいけない。論理ばかり、口ばかりではダメで、現場での実行力を問われるような試験をやっている。このような課題は他にも数多くありましたが、各大学の試験問題作成者は口をそろえて「受験者が受験の準備ができない問題を毎年考えるのが難しい」、と言っていました。ということは、入試対策ができないということです。日本の高校教育が大きく変わらざるをえない。今までは、言葉は悪いですが大学入試を人質にして生徒にいうことを聞かせてきたわけですが、そのような指導はできなくなります。今までのような受験指導もできなくなる。そうすると、それまでに積み重ねてきた資質や能力が問われるので、明らかに小さいころからアクティブ・ラーニングのようなものをやっていた方が強いのです。急に一～二年の勉強や予備校に通ってできるようになるものではない。ですから、「コミュニケーション能力」が、どの子どもにも共通する基礎学力になっていくということです。

この話をすると、さすがにほとんどの首長や教育長は危機感を抱きます。このまま放っておくと、受験指導ができなくなるのです。従来の受験指導ならできる体制がありますが、このような指導はできないでしょう。今まで日本は百四十年かけて教育の地域間格差のない素晴らしい国をつくってきました。入試についても、都会であれ地方であれ、ある程度はフェアな競争が保たれてきたといえるでしょう。しかし、今私たちが心配しているのは、大学入試改革以降、たとえば東京の中高一貫校に通っている生徒しか東大にいけなくなってしまうのではないかということです。トップエリートだけの問題ではありません。実際に、演劇が学べる高校は三年前の資料で、全国に五十ありますが、そのうちの六割は東京と神奈川に集中しています。東京・神奈川・大阪・兵庫で八割です。教える人がいないとコースの開設もできません。そしてそれは、大都市圏に集中しています。入試に演劇がでてくる可能性があるのに、都会でないと高校で演劇が学べないのです。ではどうするのか。このままだとこの地区の進学校からは、東大にも京大にも阪大にもいけなくなりますよ、と行政のトップの方とお話しするわけです。それらの大学に行けなくなるということは、自治体にとっては結構深刻なことなのです。

たとえば鹿児島県の伊佐市という自治体が、市内の進学校の抜本的改革に取り組みました。昔はたくさん難関大学に進学していたのですが、最近は進学率が落ちていました。九州の地方の町にとって、地元の進学校から九大に行けなくなるということは都会に住んでいる方たちには想像もつかないような大問題なのです。どういう現象が起こるか。たとえば伊佐市なら、鹿児島市にあるラ・サール高校などの私立高校に通わせるようになります。伊佐市から鹿児島市は二時間ぐらいかかるので、寮や下宿に住まわせることになる。しかし子どもが三人もいると寮や下宿ということも無理なので、結局家族ごと移ってしまいます。これは行政の口からは言えないことですけれど、難関大を目指すような有望な人材が、家族ごと流出してしまうことになるのです。つまり地元の進学校の水準を保つということは、その地域にとって、人口維持政策としても非常に重要なのです。高校がだめになると、地域が崩壊することにつながる。そうするとさすがに危機感を持ってアクティブ・ラーニングに取り組みましょうという話になりますが、実は、もう一つ別の軸があります。本当に優秀な首長さんは、わかりました改革します、と言った上に、でもそれは、本当は全ての子どもに必要なことですよね、と仰います。ですから、全ての子どもたちに向けてやろうという最も優秀な首長、学力の高い層向けにやらなくてはという首長、でもまあそんなに急に改革できないでしょうといって今まで通りの受験勉強だけやらせる首長、の三つに分かれることになります。

人口減少対策としてのコミュニケーション教育

人口減少対策というのは全く新しい要素で、コミュニケーション教育を名乗り始めた十年前には、私も想像もしていませんでした。しかしいまは、非常に重要な要素として、注目されつつあります。

これも遠回りの説明になりますが、スキー人口がこの二十年間で三分の一になった、スノーボード人口を足しても半分以下になったといわれています。この原因として観光学者や行政の担当者は主に二つのことを考えます。一つは人口減少、特に若者人口の減少。もう一つは趣味の多様化、特にネットです。「若者が外に出て行かなくなった」と口をそろえて言います。

しかし、劇作家である私はそうは考えません。確かに若者の人口はこの二十年で二割程度減りました。二十九歳以下の人口が約五千万から約四千万になったのです。しかし逆に言えば減ったのは二割だけです。スキー人口は半分になっています。それでは計算が合わない。私は、スキー人口が減ったから少子化になったのだ、と考えるのです。私たちの年代にとってスキーは、二十代男子が女子を一泊旅行に誘えるもっとも合法的な手段でした。これがなくなったら当然少子化になるでしょう、論理の帰結として。

もちろんスキーは象徴的な話であって、これはニワトリが先か卵が先かですけれども、ただ地方都市の中に古本屋やジャズ喫茶やライブハウスといった出会いの場を一切無くしておいて、行政が慣れない婚活パーティーをやっているというのが今の人口減少対策の最大の問題なのです。しかも、この人口減少対策も、東京で考えてしまっていますが、都会で考える人口対策と地方で考える人口対策とは全く様相が逆転してしまっています。

たとえば待機児童問題を抱えている自治体は全国に二百ぐらいしかありません。全体の三分の二の待機児童は百の自治体に集中しています。残りの千四百の自治体は逆で、子どもがほしくてたまらない。保育園も幼稚園もガラガラで、どんどん閉園している。もちろんその百の自治体にものすごい人口が集中しているので、それはそれで大変な問題ですが、地方都市にとっては人口減少の問題はイコール非婚化・晩婚化といえるのです。

地方都市では結婚した夫婦の出産率はほとんど変わっていないか、上がっている町もあります。私が演劇の指導をするとき、最初に仲間を集めるゲーム（何々と言えばゲーム、として第六章で紹介）で、自分も含めて何人兄弟かということを聞くのですが、ほとんどが二人か三人で、一人っ子は一クラスに数人しかいません。東京や大阪とは全然違います。

そういうことも当然統計のデータとしては見ているのでしょうが、霞ヶ関・虎ノ門の人たちには、実感としてわからないのでしょう。

地方の人たちがよく言っているのが、男女の偶然の「出会い」がない。それは高校と直結していて、偏差値で輪切りになって高校が市内に三つぐらいしかないと、進学校、中堅校、底辺校みたいになってしまいます。その時点で、ある程度の進路が決められてしまい、進学校の層は東京に行ってしまうので交流できる人間が限られてしまうわけです。この状況を変えないと、非婚化・晩婚化は解消されません。限られた交流範囲の中で、恋愛や結婚に結びつく「ご縁」がなかったなら、その交流範囲の外に出て、なおかつその外の人たちと、かかわりをつくれなければなりません。

本来なら結婚や出産というものは全くもって個人の自由ですので、行政が介入するようなことではありません。しかし、コミュニケーションというものは人間を人間たらしめる基礎的なものであると考えるならば、それを活性化させないといろいろな問題がでてきます。コミュニケーションをある程度活性化させなければ、結婚もしないし子どもも産まないでしょうということです。

前述した豊岡市では、市長と教育長と私との三者で、これは行政の言葉には落とし込めませんが、「きちんと男女交際のできる子どもを育てる」ということでコンセンサスが取れていて、そのためにコミュニケーション教育に力を入れると言っています。三十年かけて、長期的な人口減少対策としてのコミュニケーション教育をやるというコンセプトです。

まずは基礎的なコミュニケーション能力を

「グローバルなコミュニケーション能力」などということもよくいわれるわけですが、現実をよく見る必要があると思います。私が指導に行くいくつかの高校はスーパーグローバルハイスクールに指定されて、素晴らしい教育をやっています。英語で臓器移植についてのディベートをさせたりしていますが、一年生に演劇の指導をすると、男女が混ざってワークしたり、大きな声を出すということができない生徒が数多くいるのです。高校の一年生なのでまだ思春期の真っただ中です。そんな生徒たちを、基礎的なコミュニケーション能力がなくて男女交際のできない人材に育ててどうするのでしょうか。大人になってヨーロッパに行って女性と出会って、いきなり臓器移植についてどう思いますかというディベートをするのでしょうか。

思春期の頃には、ジェンダーの問題や世代間のコミュニケーションの問題の方が、絶対に重要で大きな問題なはずですが、そこをすっ飛ばしていきなりグローバルコミュニケーションという話になると、すごくいびつな子どもが育っていくのではないか。ディベートももちろん素晴らしいけれど、バランスの問題です。

もちろん、恋愛やジェンダーというテーマが、学校で扱いにくいということもあるでしょう。「グローバル」というテーマなら、誰も反対しませんが、恋愛やジェンダーは非常に個人的な問題ということになりがちです。さらに、繰り返しになりますが「そうしたものは自然状態で身につけるもので、教育でやるものではないだろう」という感覚があるのでしょう。グローバル教育は、新しい状況ですから、自然には身につかないだろうし、教育の範疇だろう、という考えです。しかし新しい状況ということでいえば、都会で一人っ子が増えて異性の兄妹がいないということも新しい状況のはずです。それは外国の人と出会うよりももっと、すでに始まっている新しい状況ですが、そのことに誰も気がついていない。行政主導の婚活パーティーのようなことにコストをかけるよりも、そういう政策としての婚活を必要としない人間や社会をつくったほうが合理的だと思います。

少し、話が男女交際に偏りすぎてしまいましたが、結局は、自分と他者は違うのだ、という大前提に立った上で、他者の気持ちがわかるといったことや他者を思いやるということが重要ではないでしょうか。たとえば異性の兄妹がいるということは非常に重要で、母親ではダメなのです、子どものことをわかってあげられてしまうので。だから異性の兄妹がいることはとても大事で、服装でも姉や妹から「何そのダサい服！」と言われないとダメなのです。そういう経験から、ようやく異性という「他者」や「他文化」の感覚や視点が、何となくでもわかるようになるのでしょう。

四　コミュニケーション教育に取り組むために

グローバルとローカルのバランスを考える

「グローバルなコミュニケーション能力」というものに対して、「現実を見た方がよい」という提言を、前節でしました。具体的には、それは国境や国籍をまたいだコミュニケーションと、隣人や家族とのコミュニケーションというのは、地続きだと考えることだと思います。ご近所付き合いと国際理解というものを同じように考えられる子どもを育てていくためには小学校段階からどのように取り組めばよいのかということを、一部の子どもへの教育ではなく、全ての子どもに必要であるという視点で、考えてみたいと思います。

どのように数値化するのかというのは置いておくとして、就学前を含めてコミュニケーション教育全体の配分表のようなものが必要ではないかと考えています。配分表の中身は、「友だち付き合い」、その中に異性というものも入っています。それから「大人との付き合い」や「ご近所付き合い」。そして「グローバル」

ですね。幼稚園・保育園からも、ほんの少しはグローバルを入れておく。たとえば十パーセントがグローバル、三十パーセントが近所付き合い、六十パーセントが友だち、というように。それが小学生になると、友だちが五十パーセントになって中学生になると四十パーセントになって高校になると三十パーセントになる。近所付き合いは小学校の間は上がっていって、また下がってくる。グローバルはだんだん広がっていくというようなイメージです。親と先生以外の「大人とのかかわり」も大切です。以上はあくまで一例であって、こういう比率を、地域の特性に合わせて考えていく必要があると思います。

地域に合わせたコミュニケーション教育を

たとえば、豊岡市では、市町村合併によって面積としては兵庫県最大の市になりました。ですから、市の中でも地域によって、いろいろな事情があります。豊岡高校というのは、毎年京大や阪大に進学するような生徒が通う学校ですので、ここでは「グローバル教育」、つまり世界で戦えるような生徒を育てるというのがコンセプトになります。他に、総合高校があるのですが、ここでは「観光コミュニケーションコース」をつくろうとしていて、演劇やダンスもやりながら、豊岡に世界各地から来たお客さんをもてなせるような力をつける、というのがコンセプトです。質が違うわけです。観光客とディベートしても意味がないですからね。同じ「英語を学ぶ」にしても、質が全然違ってくる。豊岡市内の城崎地区では、小中学校でも英語にとても力を入れようとしていますが、ここは全員が英語を話せないと仕方がない地域なのです。近年、毎年二倍ずつ海外の観光客が増えているのです。にもかかわらず、英語の喋れる人材が、不足しています。（話は逸れますが、内なる国際化というのは観光客の受け入れだけではもちろんなく、たとえば移民の受け入れをどうするか、という話ともかかわってきます。移民の際限ない受け入れは、非常に社会を不安定にする可能性があるので、ある程度選抜して受け入れないといけないという話があります。一方で、人を選抜するようなことをしてはいけないと怒る人がいたり、移民は全て受け入れるな、という人がいたりします。これはまさに、グローバルな感覚が足りないと言わざるをえない状態です。フランスでの大統領選挙の際に、社会党出身の大統領候補も移民を全て受け入れるとは言わないですし、保守派の大統領候補も移民を全て入れないとも言いません。争点は、どのぐらいの幅で入れるかです。どのように受け入れていくかという話をしなくてはならないのですが、日本ではそういう現実的な政策になっていきません。全て受け入れるか全く受け入れないかという二択になってしまっています。主権者としてそういう判断ができる大人に育つように、あらゆる子どもに大なり小なり「グローバル感覚」は必要だということです。）

一方、市内の一番端に但東という過疎地があります。住んでいる方自身が何もないと言っている、人口四七〇〇人ほどの地域です。ここの地域には中学までしかないので、子どもたちは一度必ず外に出ることになります。ここの子どもたちにとっては、外に出て自分の故郷を語ることができるかどうかということが大切になります。この力があれば、まずは同じ市域である豊岡の人たちに、さらには世界中から豊岡に来てくれた人に、誇りをもって自分の故郷を語ることができます。

このように、同じ市内といっても、身に付けさせたいコミュニケーション能力の質は少しずつ違ってきます。これぐらいきめ細かく考える必要があると思います。先ほど例示した配分を基に、では自分たちの地域の子どもたちにはどういった能力が必要なのか、さらにはパーソナルベースまで含めてその子どもにはどういうコミュニケーション能力を身につけさせてあげるべきなのかを見極める必要があるのです。この子どもは海外に出ていきたいのか、それともここで暮らしていく子どもなのか。それぞれに対して、ではどのようなコミュニケーション能力が必要なのか、それをきちんと見ることなく、一律にコミュニケーション能力、特にグローバルなコミュニケーション能力といっても、全く意味がありません。

学校全体で取り組む

子どもたちにそういう力をつけさせてあげたいから、コミュニケーション教育に取り組むというのは、一つの使命として思われる方もいれば、一部の先生の中には余計なことを一つしないといけなくなるという感覚も強いと思います。実際、国語の教科書に携わってコミュニケーション教育を提案した当初はそういうご意見もありました。国語の研修会に呼ばれることが多いので、そのときによく言うのですが、今の状況は、技術科にコンピュータが入ってきたときに、年配の先生がパニック状態になったのと同じことが無意識に行われているということです。文部科学省はコミュニケーション、コミュニケーションといってその八割九割がいま国語科に任されている状態です。しかし国語の先生は別にコミュニケーション能力が高いわけではありません。部屋で本を読んでいるのが好きな人が今までは国語の先生になったので、どちらかというとコミュニケーション能力の低い人も多いかもしれません。言葉の専門家ではあるけれど話し言葉の専門家ではないということです。それを無理やり押し付けられているのが今の状態です。これはやはり国語の先生方により同情して、この負担を分散させる必要があります。

また、コミュニケーション教育というのは学校の総力戦なので、成功しているところは校長先生が危機意識をもって、あらゆる年中行事や学校の普段の生活指導にもコミュニケーション教育を意識化させているのです。特に小学校ではそうです。

たとえば愛媛県の西条市のある学校では校長先生が非常にやる気があって、小学校五年と六年では、ずっと「聞く力」というのを主題にして、運動会のような行事でもとにかく聞く力をテーマにして取組みを行いました。担任たちにも指導をさせて、ピンポイントでプロを入れていく。広島への修学旅行が仕上げなのですが、被爆者の語り部の方に、「こんなによく聞いてくれた小学生は初めてです」と言われたそうです。こういうことは、ほんとうに学校の総力戦なのです。熱心な先生が一人で頑張っても全くうまくいきません。

豊岡市の場合はまず教育長と市長と三人で話して方向性を確認しました。切羽詰まった事態だということを認識した上でのことです。平成二十七年の三月に、市内の全小中学校の校長先生、教頭全部を招集しました。そこで私が大学入試改革の話から人口減少、国際化の話まで全て説明しました。その上で「よしやろう」ということになったのです。四月からモデル校を五校、小学校四校と中学校一校を選んで先行実施する。そして三年以内に全校で実施することにしました。モデル校は各学期一回ずつ演劇とダンスの授業をすることになっています。さらには来年からは小中学校で英語劇をつくって、旅行に来ている外国人観光客に見せるというところまで持って行きたい。但東では、全校児童十人程度の小学校が三つと中学校が一校あるのですが、この中学校の生徒たちがそれぞれ出身の小学校に帰って一緒に劇をつくり、但東地区全体で発表会をしたい。このように地域ごとにきめ細やかに設定していく。それだけでなく教員対象のワークショップや授業の研修もします。

さらに、この間に有望な小中学校の先生方をワークショップデザイナー育成プログラムに派遣して専門の教員を養成することも計画しています。今できることをしながら、十年後も見すえて人材育成もするという、まさに総力戦です。

一方、ほかのある県の高校では、専任の非常勤講師を雇うという話がありましたが、その地区まで通える人がいなかった、というような事例もあります。その地域に専門家がいなくて、交通費もでない。通うには前泊しなくてはいけないという状態で、断念せざるをえなかった。ですので、やはり規模を確保することは大切です。豊岡の場合は最終的に県の総合高校に観光コミュニケーションコースをつくって、常勤の教員を雇うことを目指している。そうすることでその人が小学校や中学校も指導できるようになる。そのために私と市長で知事に陳情にも行きました。知事も非常に好感触だった。高校は県立ですので通常ですと市はそういうことを言う立場にないのですが、市がそんなこと言ってくれるというのは本当にありがたい、と高校も非常に喜んでくれています。

豊岡もまだ、すべてがうまくいっているわけではありません。これからの課題もたくさんあります。今は成功事例をいくつか積み上げていく。小豆島もそういう地域です。先日小豆島から豊岡市に三十人ほどの視察団がきました。その人たちが歴史関係班と教育班と文化班というように分かれてそれぞれの施設を全て視察していきました。

「演劇」や「演劇ワークショップ」の普及に関しては、三つの層を意識する必要があると考えています。

第一層は、学校の先生がそういう演劇的なコミュニケーションスキルを身につけて、プロの演劇人の力を借りなくても、あるいは補助的に力を借りれば、ある程度は演劇的手法を用いたワークショップ型授業をやっていける、というレベル。これは現在、各地の教育委員会が、プロの演劇人を教員研修に呼ぶなどして、進めていっています（第六章で詳説）。第三層より先に第三層のことを述べますが、これは私や共著者の蓮行さんや第五章の鼎談に参加していただいた苅宿先生など、研究と実践をつないで、行政の言葉に落とし込んでいく、いわば「研究開発者」の層です。第二層は、当然この第一層と第三層の間に位置する層です。先生という教育のプロと演劇のプロがしっかりと連携し、演劇ワークショップのプログラムを高度化すると同時に、対象となる子どもや地域の特性に合わせてカスタマイズしていく層というイメージです。この層が分厚くならなければ、「コミュニケーション能力の向上に資する演劇ワークショップ」が本来のポテンシャルを発揮しながら拡がっていく、という未来をえがくことはできません。

この本は、その第二層を分厚くするために書かれたと言っても過言ではありません。ぜひ読者の皆さんは、その担い手になるつもりで読み進めていただければと思います。

第二章

頭・こころ・身体を、ほぐす・つなぐ演劇の手法

蓮行

本章では、演劇ワークショップの現場における
「導入部分」に焦点を当てていきます。

まず「半戯曲セミドキュメンタリー小説」形式で、
「反抗期　ｖｓ　ＦＪ１０６キロ！」をお読みいただきます。
中学生から高校生にかけての「難しいお年頃」の生徒たちは、
頭と心と体が激しく成長する過程にあり、
自分でバランスを取るのが難しくなっています。
そんな生徒たちがすごす教室で、
劇団Ｅ星の誇る怪優ＦＪがいかに振る舞うかを紹介しましょう。

半戯曲セミドキュメンタリー小説

「反抗期　vs FJ106キロ！」

ＦＪ　「一同、礼！」

一同　「ありがとうございました！」

県立Ｋ高校一年生向けの今回の現場では、ＦＪがリーダーを務めている。生徒たちを集めて、今回担当するコミュニケーションティーチャー（ＣＴ）全員が出演する「デモンストレーション劇」を上演し終わったところである。「一同、礼」の掛声をかけるのは、リーダーの役目だ。自らも礼をすると、なかなか迫力ある拍手が返ってきた。顔を上げて生徒たちの様子を見回せば、八割方の生徒はニコニコしている。まずは、好感触の滑り出しといってよいだろう。

時間にして十分足らずのデモンストレーション劇は「売上の伸び悩む携帯電話会社の開発部の社員が、母親からかかってきた電話の何気ない一言にインスパイアされて、新しい携帯電話の発明アイデアを思いつき、ヒット商品を生みだす」という内容である。なぜそんな内容なのかというと、この授業は「産業社会と人間」というなかなか物々しい名前の科目の一コマであり、「携帯電話を開発してみよう」というグループワークの課題がでているからである。先週までは、某携帯電話会社から本物の企画担当者が出張授業に来ていて、生徒たちはいろいろな携帯電話のアイデアを、企画書の形で模造紙に書いて発表したらしい。今週からは、それを元に演劇で表現する、という課題になっているのである。

FJ　**「はい、どうも。まあ、十分ほどのお芝居を見ていただいたのですが、皆さん、これから自分がどういう運命に巻き込まれるか、もう聞いてはるんですよね？」**

FJが、野太いよく通る声（かつ大阪弁）で問いかけると、一部の生徒から「え～っ！」とか「あ～あ……」とかという思い思いの声が漏れる。もちろん、基本的に「歓迎」の意を表す声はない。このリアクションからして、生徒たちはすでに先生方から、これから自分たちが何をしなくてはならないか、聞かされていることがわかる。

FJ　**「はい。これから私たち、四週間に渡って毎週火曜日のこの時間にやってきます。皆さんには、今私たちが上演したお芝居をお手本に、まあお手本にせんでもええけど、同じく十分くらいのお芝居を、つくっていただきます」**

またもや、「え～」「あ～あ」という声。さっきよりは、諦めの境地というニュアンスの低い声が多い。

小学校の現場では、先生方が事前に子どもたちに「演劇をつくる」というミッションを伝えていないこともある。そういうケースでは、もっと歓声や悲鳴に近い声が上がる。まあ、小学校の場合は、事前にそれを知っていたかどうかは、子どもの取組みにはあまり影響がない。小学生くらいまでなら、その場で起こったことに心身が素直に反応できるからなのだが、反抗期に入ってくると、その「即応性」や「即興性」は一時的に落ちるようである。それらを落としたまま大人になってよいのか、それとも「素直な心身」「即応性・即興性」を再び得てから大人になった方がよいのか。演劇人は後者だと信じて、自らも「即応性・即興性」に磨きをかけるべく、日々努力するのである。

ＦＪ　「えー、それでは、各クラスに分かれて、劇づくりに入りたいと思いまーす！」

三クラス合同で、デモンストレーション劇を観ていた生徒たちは、いかにもダルい……、という様子で、それぞれの教室へと移動していくのだった。

ＦＪは、身長１６７センチ、体重１０６キロという横に広めの体格をしており、劇団Ｅ星の俳優の中でも、最もよくテレビに出ている。もちろん、毎度よく食べる役ばかりである。ちょっと前には、全国放送の連続ドラマにキャスティングされていたから、観ていた高校生からサインを求められることもたま～にあった。サインといっても、楷書のカタカナで芸名を書くだけなのだが……。

今回の県立K高校では、誰にも「サインしてください」とは言われていないし、おそらく最後まで言われないだろう。

FJ **「えー、ではですね、事前にお知らせがいってると思いますが、この時間中は、携帯電話を回収いたします」**

というアナウンスに合わせ、FJのアシスタント講師として配置されているM岡が、カゴを持って教室を回る。R行の研究や事務のアシスタントをしているM岡はれっきとした舞台俳優であり、現場によってはCTとして、その職能を発揮する。生徒たちは、やれやれという表情ではあるが、特に不満の声も上げず、それぞれの携帯電話やスマートフォンをカゴに入れていく。

M岡 **「お、これ生徒手帳やん」**

一人の男子生徒が、携帯電話ではなく生徒手帳をカゴに入れたらしい。

男子生徒A **「(生徒手帳を携帯電話のように耳に当てて)あれ? かかれへん。う〜わ、間違えたわぁ!」**

M岡　**「きっちりボケてくるやん。ナイスな心掛けやな」**

他の地方ではちょっと信じられないかもしれないが、関西圏の学校であれば、小中高のあらゆる校種・学年において、初対面の児童・生徒とCTの間で、いきなりこのようなやり取りが生まれる。

先生　**「これ、私も出すんですよね？」**

男子生徒B　**「そらそうやろ！」**

中年の男性である担任の先生も、おとなしくカゴに携帯電話を入れている。このように先生のノリがよいと、CTもやりやすい。

生徒の携帯電話の扱いについては、以前にK高校側とCT側で、相当な議論があった。生徒のグループワークの集中力が落ちてくると、どうしても携帯電話を触りだし、それがさらにグループワークの質を低下させるというスパイラルに陥ってしまう。しかし、現場では簡単に「携帯を禁止したり取り上げたりすればいい」とはいえない。K高校では、この取り組みは三年目になるが、昨年「演劇の授業の時間に限って」携帯電話回収を試行したところ、特に反発もなく、活動内容の質が上がったという実績がある。今年も、そのやり方を踏襲することにしたのである。

「反抗期 vs FJ106キロ!」

女子生徒A　「あのぉ、ちょっと今思ったんですけど」

FJ　「はい？　何でしょう？」

女子生徒A　「携帯電話、小道具とかで使うんちゃうん？　携帯電話の劇つくるんですよね？」

本当にそう思っているのか、それとも携帯電話を取り返したいというささやかな抵抗なのか、ですます調、である調、関西弁、標準語混合で、女子生徒がFJに質問した。

FJ　「小道具で使うとなったら、お返ししますので安心してください。練習の間くらいはね……そうやな、黒板消しかなんかで代用したらええんちゃうかな？」

女子生徒B　「顔真っ白けになるやん……」

質問した生徒の隣にいた別の女子生徒が、ボソッとツッコミを入れると、周囲の数名の生徒が小声で笑った。こういうやり取りは重要だ。これは、生徒とCTとの間に発生した、小さな交渉と合意形成の場面である。

ＦＪ　**「まあ、そういう訳で、これから未来の『携帯電話』にまつわる演劇を、みなさんにつくっていただく訳ですけれども、みなさん演劇やったことある人ばっかりではないので、舞台俳優になるための様々なトレーニングを受けていただきます。最初は、『立ち座りゲーム』というトレーニングです」**

教室には、何だか地味なタイトルのゲームだな、というえもいわれぬ空気が流れる。ＦＪの指示で、机が教室の後ろに固められ、椅子だけが出された状態になった。椅子の配置も、教卓を中心とした、なんとなく扇型になっている。

ＦＪ　**「では、立ち座りゲームのルールを説明します。まず、全員立ってください。あ、先生も参加しましょうか」**

全員が立ち上がる。担任の先生も参加が促され、教員用の椅子があてがわれた。

FJ　**「もう既に皆さん立ってますから、あとは座るだけです。ただし、一人ずつ座ります。二人同時に座ったらアウトです。初めからやり直しです。声を出してはいけません。意味わかりますか？　やってみたらわかります。どうぞ！」**

皆、きょとんとして立ち尽くしているので、M岡が先生に、目と手振りで促す。先生も事態があまり飲み込めていないままに、とりあえずストンと腰を下ろす。続いて、少しキョロキョロしながら、ある女子生徒が腰を下ろす。

FJ　**「はい、その調子で」**

すでに、おそらく半数くらいの生徒は、ルールとミッションを理解している。スッと座る者、恐る恐る座る者、と数人続けて座ったのち、七、八人目だろうか、あっちとこっちで同時に座ってしまった。

FJ　**「あ、アウト！　残念。ルールは理解できましたね。最初からやり直しです。どうぞ！」**

続いて二回ほどチャレンジすると、もう全員ルールは理解できた。その後繰り返しチャレンジするが、やはり七、八人目でアウトになってしまったり、二十数人が座れたりとバラつきはあるものの、なかなか全員が座るには至らない。何度目かの挑戦の後、M岡が声を上げる。

M岡　**「FJさん！　彼、さっきから一度も座ってません！　座ろうという意思もあんまり感じないんですけど！」**

と、指摘を受けたのは、先程生徒手帳を使ってボケた男子生徒であった。

FJ　**「え？　そうなんですか？」**

男子生徒A　**「え〜？　そんなことないですよ。ちゃんと座ろうとしてますやん」**

M岡とFJの顔を交互に見ながら釈明する。が、明らかにニヤニヤしている。そう、実はこのゲームは、何もしないで「最後に座る人」を目指すと、ものすごく参加が楽なゲームなのである。彼は、それにいち早く気づいたのだろう。賢いといえば賢い。

FJ　**「あ、ごめん、一つ大事なこと言うの忘れていました。最後に座った人には、プレゼントがあ**

んねん」

男子生徒A　「え？　何ですか？」

男子生徒は、半笑いで、だが半分嫌な予感がする、という顔で聞き返す。

FJ　「これね、最後に座ったら、成功！　って感じで非常に盛り上がるんで、その人を、祝福の意味を込めて、僕が抱きしめます！」

生徒一同　「えええっ〜！」

もはや、悲鳴と怒号といってもよい声が教室に響き渡る。

FJ　「私が抱きしめるのは、教育ですから。警察に通報とかしないように。そして、今日はちょっと暑いし、皆さんの前に出て緊張もしてるんで、今、僕ものすごく湿ってます」

さらなる悲鳴と怒号が、教室を揺らす。今、生徒一人ひとりの心の中では、きっとこんな葛藤が起こっているだろう。

（まさか、本当に抱きしめたりはしないだろうけど……、演劇やってる変な人だし、本当にやりかねない！）

ゲームを再開すると、先ほどとは打って変った緊張感である。このゲームは、早く離脱して楽になりたいと思えば思うほど、熱心に参加してしまうという特徴がある。先ほどの男子生徒も、なるべく早く座れるよう、気持ちのアンテナを高めて参加している。しかし、それでも何度かの失敗を繰り返す。

ＦＪ　「おおっ！」

思わず声を上げた。いよいよ、残り三名。この人数になれば、慎重にアイコンタクトを取れば、まず重なることはない。二人の女子生徒が顔を見合わせ、ロングヘアの子、ショートヘアの子の順に、そっと椅子に座った。最後の一人に、先生が残った。満面の笑みである。ＦＪが何も言わずに先生に歩み寄り、二人はがっしりと抱擁を交わした。

生徒一同　「ああ〜」「うわぁ……」

美しいとも美しくないともいえる光景を、みんなで眺めている。これで「クラスが一つになった」などとは間違ってもいわないが、ＦＪに誰かが抱きしめられるかもしれない、という理不尽なプレッシャーの中、立ち座りゲームを完遂した、ということはまぎれもない事実である。こういう共同作業による小さな成功体験（？）は、後々ボディブローのように、効いてくるものである。

男子生徒B　**「どやった？」**

先生　**「（笑顔で）湿ってた」**

FJ　**「（深々と頭を下げ）申し訳ありません」**

苦笑と失笑が漏れる。しかし、いつまでも一つの成功に酔いしれている場合ではない。ＦＪは、毅然と次のミッションを告げる。

FJ　**「発表のグループに分かれてください。次のミッションは『ジェスチャー伝言ゲーム』です！」**

ガヤガヤと、思い思いの動きで、それぞれのグループの塊に座り直す。すでに指示に対する「動きだし」の反応速度が全体的に少し上がっている。

FJ　**「ルールを説明します！　一グループごとに前に出てきてもらいます。じゃあ、ここのグループがトップバッター（六名ほどの生徒を、前に並ばせる）。ええっと、皆さんから見て一番左手、舞台用語では下手（しもて）といいますが、一番下手の生徒さんと、他の見ている生徒さんに、解答をお見せします。なので、並んでる他の五人は、黒板の方を向いて。（画用紙に準備した解答を、一番下手の生徒と、他の生徒たちに見せる。『象』と書いてある）。はい。解答はわかりましたね。では、一つ上手（かみて）の生徒さんに、ジェスチャーで、伝えていってください。こちらの、一番上手の生徒さんが解答者で、無事に正解したら、成功です！」**

説明を終えたところで、チラッとFJは天井近くの時計を見る。残り時間、ちょうど全てのグループがジェスチャー伝言ゲームを終えたところで、この時間が終わる。十分の休憩を挟んだ次の一時間で、ディスカッションしながら「プロット（あらすじ）」をつくってもらう。予定通り。この雰囲気なら、すったもんだしながらも、きっと面白い発表をしてくれるに違いない。と胸の内で思いながら、FJは生徒たちのジェスチャーにガハハ！　と大きな笑い声を上げげた。

（おわり）

一　あらためて、演劇ワークショップとは？コミュニケーションティーチングとは？

ワークショップの三要素

本書で繰り返しでてくる「演劇」、「演劇ワークショップ」、「コミュニケーションティーチング」などの用語について、「反抗期　vs　FJ106キロ！」を基に少し整理しましょう。

筆者の二人と、第五章にご登場いただく青山学院大学の苅宿俊文先生との合同プロジェクトの形で、二〇〇九年度より青学・阪大の連携講座「ワークショップデザイナー育成プログラム」を開講しています。この講座は社会人を対象に、「コミュニケーションの場づくりができる人材をワークショップデザイナーと位置づけ、ワークショップの企画・運営ができる専門家の養成をします」という目的を掲げています。

この講座では、ワークショップの定義を「参加型・体験型・双方向型学習」であるとしています。

まず、一つめの要素として、学習者が「参加」していなくてはなりません。「何を当たり前な」と思うか

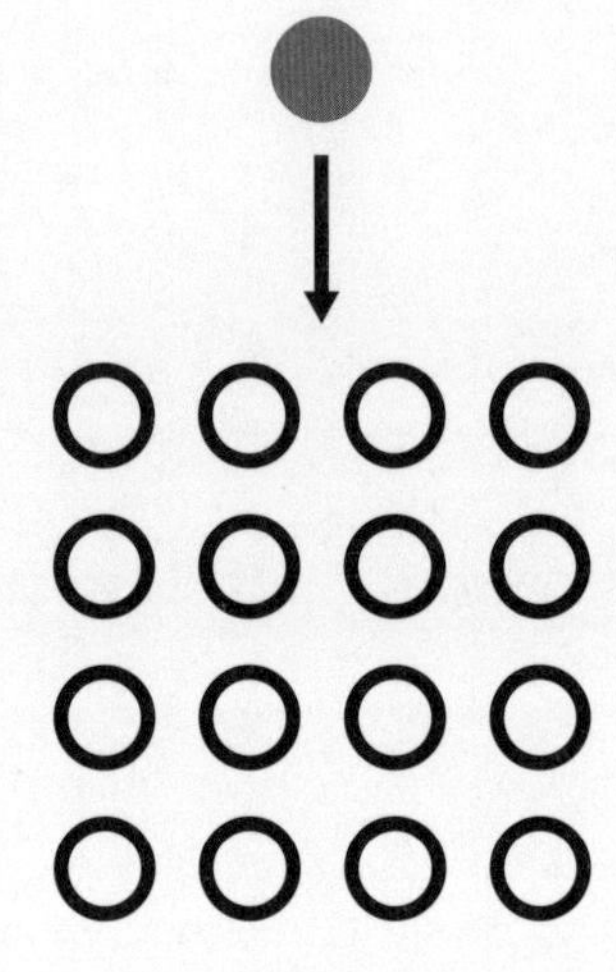
2-1

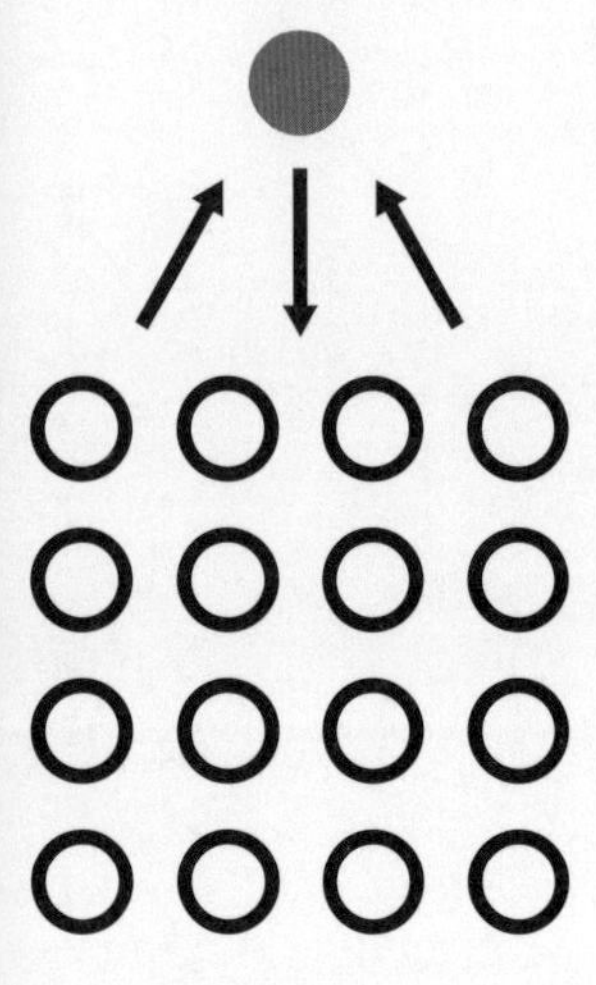
2-2

もしれませんが、私自身の小中学校時代を振り返ってみると、授業中はひたすら時計を見ていました。「早く、時間が過ぎないかな……」と。教科書に落書きをし、頬杖をついて鉛筆を構えて前髪で目の部分を覆って居眠りがバレないようにする授業フォームの開発に余念がありませんでした。つまり、机に座ってはいましたが、参加していなかったのです。一方「ＦＪ１０６キロ！」では、全員が「立ち座りゲーム」にプレイヤーとして「参加」しています。

二つめの要素として、学習者が「体験」していなくてはなりません。つまり、何かの「体感」が発生している必要がある、ということです。そういう意味では、図画工作や美術、音楽や体育といった教科は「体感」が発生しやすいのですが、主要教科と呼ばれる教科では、脳に情報がインプットされるというところで留まってしまうケースも多く見受けられます。「ＦＪ１０６キロ！」では、全

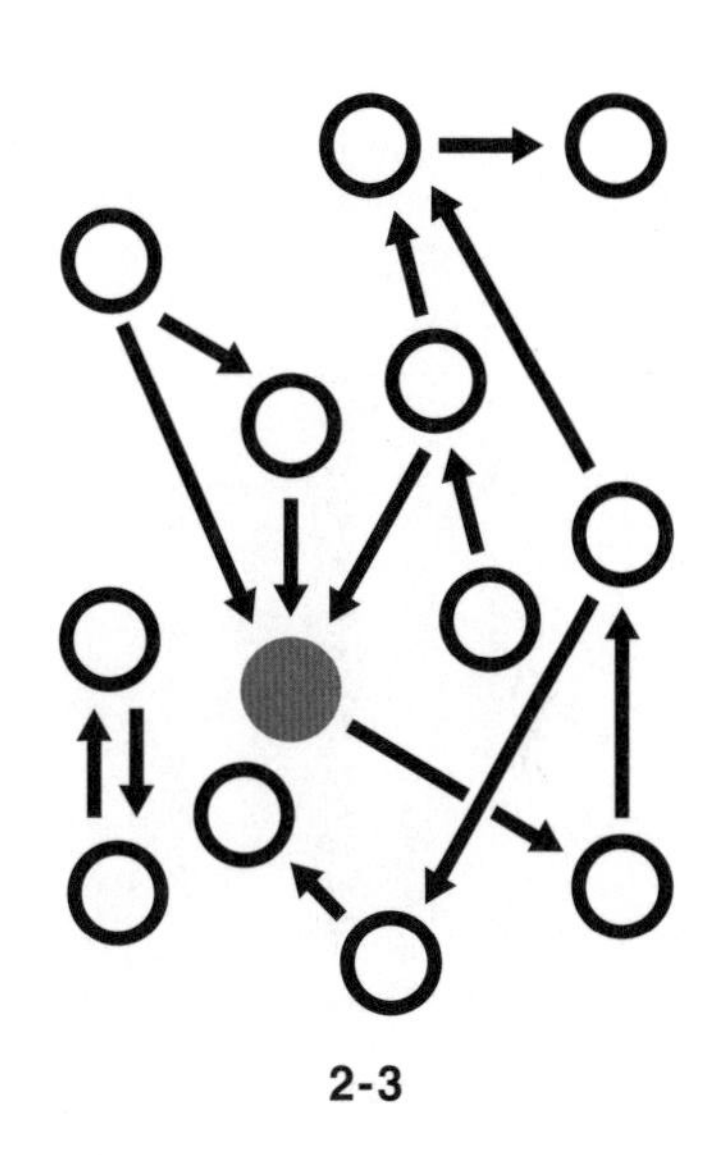

2-3

員が「立つ・座る」ということはもちろん、「アイコンタクト」や「息を合わせる」などの言語情報以外の情報のやり取りを「体感」しています。

三つめの要素として挙げている「双方向型」については、少し詳しく説明します。

図2の1は、いわゆる「座学」型の授業のモデルです。たとえば、小学校二年生の算数「九九の七の段」の授業を考えてみましょう。四十五分の授業で、子どもたちが「七の段」を覚えることができれば、授業としては問題ありません。つまり、授業の前後で、子どもたちは「七の段を知らない」(未知)状態から、「七の段を覚えた」(既知)状態に変化しています。しかし、先生はどうでしょうか？　授業の前後で、先生の知識量に変化はありません。前後どちらも「七の段を覚えている」(既知)状態なのです。言い換えれば、先生の「七の段」の知的情報が一方的に子どもたちに「授けられた」という状態です。

一方、図2の2は「携帯電話会社から出前でやって来た企画担当者との授業」などが当てはまります。しかし、企画担当者は携帯電話の歴史や最新の技術的な知識などを生徒たちに「教授する」ことができます。その情報を参考にしつつも生徒たちが「新しい携帯電話」開発のアイデアをだせば、「高校生は、スマホのある機能は巧みに使うが、別の機能には全く興味を示さない」ということや「学校生活の中で、こんな使われ方をしていたのか」といったマーケティングリサーチではでてこないような実態に触れることになります。また、デジタルネイティブ世代の生徒ならではの斬新なアイデアをもらうことができる可能性もあります。この情報の移動により、企画担当者にも授業の前後で「知的な変化」が発生します。これを「双方向型の学び」と呼んでいます。また、さらには図2の3で示されるように「教員を含む学習者同士の複雑な知的交流」も発生するので、私は「複方向型の学び」と呼んでいます。

以上のように、「参加型」「体験型」「双（複）方向型」という三つの要素を含んだ「学習」を、私たちは「ワークショップ」と定義しています。「教育」ではなく「学習」なのです。「教育から学習へ」というのは世界的な流れですが、この論についてはもっと詳しい専門家にお任せするとして、私たちの「ワークショップ」の考え方では、参加者が「自発的に学んでしまう」ことを重視しています。

この定義が「やけに曖昧で、射程が広すぎる……」と感じる方もいらっしゃるでしょう。それもそのはず、私たちはなるべく定義したくないのです。「これはワークショップだが、これは違う」といったような厳密な定義は、複雑で多様で変化し続ける社会に対して柔軟に機能する「学び」の障害になる、というのが私たちの考え方です。ですから、なるべくいろいろなものが無理なく包含できる定義の方がいいのです。

演劇ワークショップは、これらワークショップの三要素を含みつつ「演劇」という「コミュニケーションを学ぶ」ための絶好のツールを用いた教材である、と説明することができます。私たちは職業演劇人ですので、演劇が「先端芸術」としての価値と、「社会や実生活に役立てることができるツール」としての価値の両方を兼ね備えていることを知っています。ですから、演劇を「ツール」と呼ぶことに何の抵抗もありません。

第一章で説明したような経緯や考え方をベースとした演劇ワークショップの一つの類型を、私たちは「コミュニケーションティーチング」と呼んでいます。ここで「ティーチング」を用いているのは、演劇と演劇を用いた学習がまだまだ普及していない日本においては、学習者が演劇を有効なツールとして使うための「ティーチャー」が必要であろう、という考えに基づいています。

なぜ演劇は「コミュニケーションを学ぶ」ツールとして優秀なのか？

では、なぜ「演劇」は、「コミュニケーションを学ぶ」ツールとして優秀なのでしょうか？

第一に、演劇は「コミュニケーションそのもの」を表現する芸術である、という原理を挙げることができます。

たとえば「忠臣蔵」。浅野内匠頭は、吉良上野介にバカにされ、思わず斬りかかり、居合わせた梶川与惣兵衛に羽交い締めにされて「せめて一太刀！」と叫んだわけです。その後の家老の大石内蔵助ときたらご承知の通り、遊郭通いはするわ、密談はするわ、討ち入りしてチャンバラはするわ、首級は挙げるわ……。と、ひたすら多様なコミュニケーションをこれでもかと見せていきます。もちろん、登場人物の心情を語る「独白」という表現もありますが、それも登場人物同士のやり取り、駆け引きが前提となってこそ、有効に機能します。演劇作品をしっかりと成立させようと思えば、ある登場人物を演じるということだけではなく、登場人物同士のやり取りを客観的に見る「メタ視点」が必要になります。この「メタ視点」は、コミュニケーションのための重要な能力と考えられており、演劇の創作を通じて、「コミュニケーションそのもの」を「メタ視点」からとらえるという重要なトレーニングを積むことができます（「メタ視点」については第四章で改めて取り上げます）。

第二に、「創作のプロセスに膨大かつ多層なコミュニケーションが不可欠である」、ということが挙げられます。まず、全体的にどんなジャンルにするのか、コメディなのか悲劇なのか。仮にコメディという方向性が決まったら、会話の掛け合いで笑わせるのか、オーバーアクションで笑わせるのか。それが決まってから、ようやくどんなストーリーにするのかを検討できます。どんな登場人物が出てきて、誰が何の役を演じるのか。台本は誰が書くのか。小道具係は？ 学校の備品を使うために社会的な交渉を先生としなくてはならない局面もあります。

稽古が始まってからも、台本を覚えてこない子どもがいる一方で、「サボるな！」と怒りだす子どもがいます。ようやくセリフを覚えても「そんな言い方で『好き』と言われても、グッとこない」だの「そんなひ弱な動きの侍、いないだろ」だの、お互いの認識や身体感覚のズレに悩むことになります。その全てを乗り切るためには、どうにかコミュニケーションを取り続けるしかなく、そうして初めて本番を遂行することができます。このように、複数の人間が「本番」という一つのゴールを目指すプロセスが、そのままコミュニケーションのトレーニングとなっているのです。

第三に、演劇の創作を通じて「社会における『コミュニケーション』を見直す契機になる」ことが挙げられます。たとえば、ちょっと素行の悪い子どもも、「生徒を怒る生活指導の先生」の役を振られたら、「そういえば、怒り方にもいろんなパターンがあるなぁ……」と先生を観察してみたり、「ああ、確かに生徒にこういう言われ方したら、カチンとくるな」と気づいたりするでしょう。警察官の役が当たれば、犯罪や社会安全について、少し違った視点で街を見るでしょう。宇宙人の役になれば「宇宙から見た地球全体」という視点を得て、環境問題や世界平和のことを考えるかもしれません。

もっともっとたくさんの「優秀さ」を挙げることも可能ですが、まずは代表的な三つをピックアップしました。この「演劇」の持つ特長と、先述した「ワークショップの三要素」は非常に親和性が高く、「演劇ワークショップ」の手法を用いることで、教室に「極めて高密度で、複雑な学び」を創出することが可能なのです。

バイパス効果と異邦人効果

FJの振る舞いを見てみますと、「次はこれやって！」や「静かにして！」「はい注目！」というような、

「今すぐに何々をすべし」という種類の指示を、あまりだしていないことがわかります。このような指示の言葉を、私は「順算ベクトル&短期ピントの言葉」と呼んでいます。つまり、現在から未来へ向かう（順算）ベクトルの言葉であり、また、今すぐこれをする、というごく近い未来に焦点を当てた（短期ピントの）言葉という意味です。もしFJが、この「順算ベクトル&短期ピントの言葉」を使って喋ったとしたら、「はい、静かにして、説明を聞いてください。四週間後の発表に向けて、今からコミュニケーションゲームの一つ、『立ち座りゲーム』をします。ぜひしっかり取り組んでください」という言い方になるでしょう。それをFJはわざわざ「皆さんの運命」と表現して、もったいつけています。そして、生徒たちが別に舞台俳優を目指しているわけでもないのに、「舞台俳優になるための、様々なトレーニングを受けてもらいます」と、この言いようもやけに大げさです。ゲームへの取組みが悪い生徒が発見されたときは、「しっかりやって！」「頑張ろう！」などとは言わず、あろうことか「抱きしめます！」と、教室全体を恐怖のどん底に叩き込んでいます。ちなみに、携帯電話の回収の際に抵抗する生徒がいたら、「携帯依存は、ぬくもりが足りないからですね！ 仕方がないので、抱きしめます！」と言う準備もしていましたが、幸いあっさりと応じてくれたので、ゲームのときまでこのネタを温存することができました。

このように、「順算ベクトル&短期ピントの言葉」を使わず、回りくどい「運命」「トレーニング」などの言い方、全く別の「抱きしめる」といったような言い方をした方が、かえって短時間で高い効果を生みだすことがよくあります。これを私は「バイパス効果」と呼んでいます。目的に向かって直線的に行くのではなく、わざわざ「バイパス（回り道）」をつくるのです。こんなカタカナ言葉をわざわざ使わなくても、日本では古来より「急がば回れ」という諺がありますので、考え方はご理解いただきやすいでしょう。

演劇に限らずですが、芸術はあるテーマがあったとして（テーマのない作品もありますが）、それを直接的には語りません。たとえば、「地球環境を守ろう！」とか「戦争はダメだ！」とそのまま言語で表現するなら、わざわざ演劇にする必要はないわけです。「好きです」「私もです」「結婚しましょう」「そうしましょう」では、ドラマになりません。いちいちもったいぶって、回りくどく、観客をイライラドキドキさせながら進んでいきます。演劇そのものが、テーマになかなかたどり着かせてくれない、壮大な「バイパス」なのです。ですから、劇作家も演出家も俳優も、「いかなるバイパスを設けるか」を日々研究し実践するのが仕事だということができます。このような「教育の現場」で、「よきバイパス」を示せなければ、演劇人失格です。

さて、そんな手練手管で様々なバイパスを教室につくりまくったFJですが、彼の手管をそのまま誰が使えるかというと、そうはいきません。担任の先生が「抱きしめます！」と言ったとしても「本当にできるわけがない」と高をくくられたり、逆に「ハラスメントだ！」と強い反発が返ってきたりするリスクもあります。このシーンにおけるFJのやり方は、彼が「外からやって来た」、「演劇人という得体の知れない人」であることに支えられています。これを私は「異邦人効果」と名付けています。「異邦人」は、普段とは違う「緊張感」を教室にもたらし、「未知」と「不安」を生みだします。これらのストレスを、クラスメートと共に乗り越えて行くことで、それが「立ち座りゲーム」のような単純で他愛も無いゲームだったとしても、普段の生活や活動では感じたことのない種類の「連体感」や「達成感」につながります。

私たち演劇人が、学校現場に乗り込んでいくことによって、「バイパス効果」と「異邦人効果」の、絶妙な相乗効果を発生させることができるのです。

キーワードは「モチベーション」

ここまで「演劇」、「演劇ワークショップ」、「コミュニケーションティーチング」の機能と優秀性について述べてきました。しかし、いくら秀でたツールでも、その機能を十二分に発揮させるのは容易ではありません。子どもたちの「演劇」に対するモチベーションをいかにして喚起し高めるのか、という話に行き着くわけです。

さて、その「モチベーション」なのですが、「内発的モチベーション」と「外発的モチベーション」の二つに大別されるといわれています。内発的モチベーションというのは、心の内からフツフツと湧き上がってくる「何だかわからないけど、やりたい！」という気持ちです。外発的モチベーションというのは、「お金のためにやる」「生活のためにやる」「やらないと怒られるからやる」というような、動機の発生源が外的なものを指します。

そう考えていくと、演劇への取組みの場合、「おもしろそうだから、やってみたい！」という内発的モチベーションが発生したとしても、「調子に乗っていると思われたくない」「頑張っているところを見られると恥ずかしい」というような、いわば「外発的な負のモチベーション」が発生することで、素直に一生懸命取り組めない、という現象が、特に思春期の子どもたちには起こりそうです。もちろん、「演劇なんて、そもそもハナっから全くやりたくねー！」という「内発的な負のモチベーション」をもった子どもも、いないとは限りません。

この「モチベーション」について、次節で詳しく解説します。

二　プロセスを重視しつつ、やり遂げさせる

仰々しいモチベーションの話

最近でこそ、あまりいわれなくなりましたが、学校にコミュニケーションティーチングのプログラムを持ち込もうと先生方とお話ししていると、「演劇なんかやって、何の役に立つんですか？」と、質問を受けることがありました。そんなとき、ここまで説明してきたようなことをお話しすることもあれば、「国際的にも、文部科学省的にも、教育委員会的にもそういう流れなので……」と説明することもありました。つまり、相手のキャラクターやその場の状況に合わせて、「内発的モチベーション」に訴えるか、「外発的モチベーション」に訴えるか（あるいはその両方）を、使い分けていたのです。

先生方の質問は、ご本人の疑問や不満（この大変な教育現場で、また訳のわからないことを！　的な）を表現していると同時に、その後に実際に授業で演劇を体験する子どもたちが、まず率直に感じる疑問なのだろう、とも思っていました。

人生は全て苦しみで、人間は結局は死ぬのだ、煩悩や欲望は全て捨てて解脱しておしまいなさい、というのはお釈迦様が言い出したことですが、「何の役に立つの？」は、突き詰めればそこまでいってしまいます。一方で、「進学に有利」「就職に有利」という実利主義だけでは、いくらなんでも浅すぎると思います。

そこへいくと、一休さんなんかは、「お正月なんか大してめでたくない……」と髑髏を持って練り歩いたかと思えば、飲酒や肉食を楽しみ彼女もいたらしいですから、「悟りの境地」と「実利主義」の間のちょうどいいところにいた人なのかもしれません。劇団E星では、一休はFJの当たり役であり、パンクな破戒僧ぶりを遺憾なく発揮していますから、「珠光の庵（いおり）」（中高生向け）と「むろじへ帰るみちしるべ」（小学生向け）の二作品、学校に呼びたいという方はぜひ一度お問い合わせください！（以上、宣伝でした。）

思春期の子どもたちは（あるいは、私たち大人も弱っているときには）、「こんなことして何になるのか？」、「どうせ自分には、何も成し遂げられない」という無常感・無力感にとらわれやすいものでしょう。「数学なんかやって、何の意味があるの？　何の役に立つの？」という問いに対しても、子ども自身が納得する回答をだすのはなかなか難しく、学校に通い、学び、暮らすモチベーションを高めて維持するのは、非常に困難です。

一方演劇は、実は「悟りと実利の中間のちょうどいいゾーン」のモチベーションを喚起する上でも、優秀なツールなのではないかと、私は考えています。「ま〜た演劇の人が調子のいいことを言って……。何を根拠に？」と怒られそうですが、根拠はあるのです。

私たちのチームは、下は乳幼児から、真ん中が大学生、上は九十歳超のお年寄りまで、あらゆる年齢層の方々と演劇をつくってきました。そして、児童生徒学生、ビジネスパーソン、学校の先生、大学の研究者、弁護士や医師などの高度な専門家など、立場的にも極めて幅広く、演劇を共作してきました。そのそれぞれの現場で、「なぜか、参加者の熱が自動的に上がっていく」ということを、毎度毎度体験します。

特に顕著なのがビジネスパーソン向けの研修で、人事関係の役職者が後ろで見ているのですから、参加者の皆さんは初めから「ちゃんと取り組んでまーす！」という態度です。しかし、いつの間にやら、取組みの質が変わって、「後ろに人事課長がいる」ということを忘れているとしか思えない態度になっていきます。つまり、外発的モチベーションから内発的モチベーションへの転換が起こっているのです。私が講師に出向く現場でも、合間にこっそり人事課長が「蓮行さん、あの人たち、何であんな一生懸命やるんですかね？」なんて耳打ちしてくることがあります。この様子は、拙著『コミュニケーション力を引き出す』（PHP新書）に詳しく記載がありますので、よろしければご参照ください。

さて、「何であんな一生懸命やるんですかね？」という質問に答えるべく、私は実は、複数の保育園・幼稚園関係者に、ヒアリング調査を行いました。そして、私は自分の仮説が正しかった、との確信を得ました。私の質問は、こうです。「保育園・幼稚園では、子どもにごっこ遊びを教えるんですか？」。先生方の答えは一様でした。園児たちは、言葉も喋れないうちから、勝手にごっこ遊びを始めるそうです。保育士さんが教えなくても、何かを「演じる」のだそうです。このヒアリング調査結果に力を得て、私は「演劇の社会的本能仮説」を打ち立てました。

睡眠、生殖、補食、排泄が「生物的本能」だとするならば、乳飲み子たちが教えもしないうちに、言語も使わずにごっこ遊びを始めるということは、人類がどこかのタイミングで得た「社会的本能」であるとしか説明がつかないのです。そして、ビミョーなお年頃の生徒であろうが、頭でっかちなビジネスパーソンであろうが、その「本能」の導きには抗えず、いつのまにか皆が熱心に取り組んでしまうのです。
以上が、「演劇の社会的本能仮説」でした。

逆算ベクトル&長期ピントの調整&共有能力（「順算&短期の言葉」の氾濫）

演劇をするということについて「社会的本能」があるとするならば、私たちCTは、「どうやって、モチベーションを上げるか?」ではなく、「どうやって、モチベーションが上がることを、阻害しないか?」に注意することが大切になります。邪魔さえしなければ、内発的モチベーションは自然に上がっていくだろう、という前提に立ちます。

では、モチベーションはどうしたら下がるのでしょうか。それこそ、「順算ベクトル&短期ピント」の言葉を言われれば言われるほど、下がります。「静かにして」「はいこっち見て」「この一時間でここのセリフ覚えて」と言われれば言われるほど、やる気を失っていくのです。

なので私たちは、子どもたちが、「演劇を上演する」というゴールを「自分のこと」と感じてくれるように、「逆算ベクトル&長期ピント」の言葉をなるべく使います。

「FJ106キロ!」の中で、演劇の上演を「皆さんの運命」と表現したり、「舞台俳優になるための様々なトレーニング」を実施する、という言い方をしたりしています。これは先ほどの「バイパス効果」を用いて「順算ベクトル＆短期ピントの言葉」にならないように工夫している訳です。そして、事前に全員が理解できるまでルールを説明するようなことをせず、「次は何をやるんだろう?」という不安を喚起します。そして、「ゲームに参加しない」と「抱きしめられる」ことも、後から提示されます。そうすることで、生徒は「参加か抱擁か」を自分で選択することができ、「ゲームを上手く完了する」というゴールに向けてのモチベーションが発生するのです（外発的モチベーションの発生）。

この調子で、「次に何をやれ」方式ではなく、「次やることのゴールはこれだよ」方式に情報を出していき、局面ごとに「やるなあ！」「上手いやん！」と褒めて、小さな成功体験を積み重ねるようにします。「FJ106キロ！」では、FJと担任の先生の抱擁というイベントが、「ゲームを成功裏に終わらせることができた！」というシンボルになっていて、「ああ、抱きしめられるのが自分でなくてよかった……」とか「このFJって舞台俳優、本当に『抱きしめる』んだな……。油断できないヤローだ」と、それぞれが自由な発想でいろいろなことを感じることができます。これが、「こういうルールで、こうやったら成功」という単純な順算ベクトルの提示だけでは、「やらされた感」が残る結果になります。大人になれば、「次は何をやりなさい」と事細かに指示がもらえるわけではありません。ゴールを仲間と共有し、それに向けて逆算して考え、着々とアクションする、ということが社会では求められます。その「逆算ベクトル＆長期ピント」の感覚を他者と「共有」することが、正に「コミュニケーション」なのです。

演劇は、「本番をやるのだ」というゴールを上手く共有させることができたら、八割方の子どもが、自発的に取り組むことができます。この「八割」というところについて、説明します。

網、竿、銛の法則

少し不謹慎というか不適切であるのは承知で、教室の子どもたちを、「魚群」に例えます。

「FJ106キロ！」では、デモンストレーション劇が終わったところからストーリーが始まっていますが、「八割方の生徒たちがニコニコ観ている」という手応えをFJは得ています。その後コミュニケーションゲームに入りますが、この時にも六〜八割程度の生徒は、それなりの取組み態度で参加しています。この状態を、魚群に網を投げてガバッと獲るイメージで「網の状態」と呼んでいます。デモンストレーション劇のクオリティや観客受けは、その後の活動につながる極めて重要なファクターで、デモンストレーション劇という「網」で、どれだけ子どもたちのハートを掴めるか、ということが我々に突きつけられています。この劇で「おお！　すげえ！」とか「おもしろい！」とか「自分もあんなふうにやってみたい！」と大半の子どもたちが感じてくれたら、後はちょっとのコツさえ伝えてあげれば、自発的にどんどん活動を進めていきます。

「網」で掴めなかった子どもたちは、今度は「竿」で狙います。カツオの一本釣りを思い浮かべてください。「FJ106キロ！」でいえば、携帯電話の回収の際生徒手帳でボケた男子生徒や、質問してきた女子生徒がこれにあたります。その子どもには、みんなの観ている前でコミュニケーションを図ります。いわゆる「客イジリ」というのに近いかもしれませんが、それを「竿の状態」と呼んでいます。この段階では、子どもたちとCTの間に「簡易な交渉」が発生し、それは「網」段階でやる気になった子どもたちにもある程度は共通する「不満」や「疑問」を代表した交渉でもあります。「立ち座りゲーム」では、「こんなゲーム、別にやりたくねーよ」と手を抜いていた男子生徒が、ＦＪとの公開交渉の末、「抱きしめます！」というコメントを引き出すに至り、「抱きしめられるくらいなら、ゲームにちゃんと参加した方がマシだ！」という落としどころで合意しています。

しかし、「竿」で狙ってはいけない子どもも、もちろんいます。演劇も、数学や音楽や体育と同様、やりたい子どももやりたくない子どももいるはずです。私ですら、自分が子どもの頃だったら、きっとひねくれてやらなかっただろうとさえ思います。私たちのようなガサツな「異邦人」に対して、特に警戒心の感度が高い子どももいるでしょう。つらそうにしている、ゲームに参加できるコンディションに見えないような子どもを見つけたら、今回のメンバーであればＭ岡が、まず観察します。事前の担任の先生との打ち合わせの段階で、ある程度配慮が必要な子どもを確認している場合もあります。そういうときも、あっさり「網」で最後までいけたりすることも多いので、必ずしも介入を前提とする訳ではありません。一定の観察の上で必要を感じたら、今度は銛を持って水の中に潜るように、その一人に寄り添う形で介入します。本章では、その場面はありませんでしたが、他の章の「半戯曲セミドキュメンタリー小説」の中に出てくるので、見つけてください。

イメージとしては、網で六〜八割、竿で一〜三割、銛で残りの数人に寄り添い、クラス全体のモチベーションを高く整えるという感じです。

「一人ひとりに寄り添う教育」は、尊い理想であることは否定しませんが、教師一人当たりの持つ有限の時間を子ども一人ひとりに割り当てられる量は、紙とエンピツがあれば簡単な算数で弾きだすことができます。それは、とてもではありませんが、一人ひとりに寄り添えるような割当てにはならず、本当に割り当てるためには、教師の数を数倍にする必要があるでしょう。もちろん、そんなことができるわけはないので、教師の皆さんは善意と根性論で「一人ひとりに」という社会的要請に応えさせられているように見えます。私たち、教育の周縁部から現場を見ている者からすれば、教師一人に対する社会的要請は、著しくオーバーフローしており、その集合体である学校は、経営学的に見てとっくに破綻しています。ですから私たちは、そういうギリギリの状態にある学校に入っていくにあたり、「演劇」という強力なツールを持ちながら、一クラスにつき二名のCTを投入し、「網・竿・銛の法則」という方法論によって、贅沢かつ安全（心と身体の両方）を意識した実践を行っています。

しかし、だからこそ余計に、ずっと子どもの前に年がら年中たった一人で立ち続ける「学校の先生」には、心から敬意を表します。演劇や演劇ワークショップを学校現場に導入する際には、「新しいことにチャレンジする産みの苦しみ」が必ず発生し、ただでさえお忙しい先生方にさらなる負荷をかけることになります。それはとても心苦しいことですが、そこを乗り越えれば、先生方の過剰な負担を少しでも減らし、学びと笑顔の多い教室環境に変わるお手伝いになるのではないか、と私たちは信じて取り組んでいます。

頭と心と身体を、ほぐしてつなぐ。そして、やり遂げさせる！

頭ではわかっているけど、心がついていかない子ども、頭ではわかっていないが、体から入ればわかる子ども、頭も心も体もわかっているけれど、引っ込み思案だからおとなしくしている子ども。子どもたちの内面もバラバラです。そして、様々なストレスやプレッシャーによって、思考や視点が凝り固まってしまっている子どもも多いのです。本章では、それをコミュニケーションゲームを用いてほぐし、つなぎ直すシーンを見ていただき、いくつかのキーワードで解説を試みました。演劇そのものをつくる手前の部分にスポットを当てて紹介したわけですが、第四章では、演劇づくりのプロセスを、もう一度見ていきます。

演劇というツールを、子どもたちの中に放り込んでやれば、それぞれが自らに欠けたものを知らず知らずのうちにインプットし、持っているものをアウトプットし、集団としての何か新しい価値を生みだすようになります。それは、助け合うマインドであったり、誰かの隠れたよいところを発見する目であったり、上演する作品そのものであったりします。

演劇という「無形のもの」をコアとしたコミュニケーションは非常に難しいものですが、社会的本能も手伝って、高い内発的モチベーションで取り組むことが可能です。そして、作品が一歩ずつ進んでいくプロセスのまさに一歩一歩が、小さな成功体験として積み重なり、上演というアウトプットは、概ね仲間の拍手と笑顔でもって、強く肯定されます。それが、「自分は存在していいんだ！」という自己肯定感、「自分は何かできる人間なんだ！」という自己効力感につながり、さらに自分を高め、社会と共存していこうというモチベーションの源泉となります。

学ぼうとするモチベーション、コミュニティに参加しようというモチベーション、突き詰めれば生きていこうとするモチベーションを喚起する力が、演劇にはあるのです。

三　具体的な教材

本節では、実際に学校現場にコミュニケーションティーチングを導入する際に活用できる教材を紹介していきます。

フルスケールとモジュール

デモンストレーション劇の上演から始まり、コミュニケーションゲームを経て、台本づくり→練習→本番→振り返りと進めていくプログラムを、「フルスケールのプログラム」と呼んでいます。タイムテーブルは、第四章に掲載しています。最小で三コマ、最大で十二コマくらいの数を使い、発表を学習発表会や授業参観にあてる工夫をする場合もあります。

フルスケールのプログラムでは、この本で解説した様々な効能を、参加する子どもたちにもたらすことができます。

上演まではせず、たとえばクラスづくりや、行事の前の「一体感の醸成」などを短時間で行うことを目的とした、最短十五分くらいのプログラムを「モジュール」と呼んでいます。モジュールは、演劇や演劇ワークショップの方法論をベースにしたゲームや発声トレーニングなど、様々なものがありますが、「バイパス効果」を用い、楽しく実施すれば、様々な授業や行事で高い効果を期待できます。

ここでは、「FJ106キロ!」に登場したゲームを紹介しますので、ぜひモジュールとしてご活用ください。

「FJ106キロ!」に出てきたゲームの紹介

◇立ち座りゲーム

場所：教室
人数：全員
必要なもの：特になし
ルール：全員に立ってもらい、「スタート」の合図で各々タイミングを図りながら一人ずつ座る。二人以上同時に座ってしまったらNG。必ず一人で座る。最後の一人になってしまってもNG。「最後の一人になってしまってもNG」は事前に周知しなくてもよい。最後の一人が安全に座れるということが知れわたってゲームに緊張感がなくなってきた時の対処法の一つ。
特徴：ゲームに参加したくない子どもほど早く座りたいので、いつの間にか熱心に参加している。
ねらい：自分ひとりのことだけ考えて座ろうとするとうまくいかない場合が多い。時にゆずるなど全体の様子を見ながら座っていき、クラスの呼吸を一つにしていく。
注意する点：「NGが三つたまると動物のモノマネ」などの罰ゲームを用意すると緊張感や盛り上がりは増すが、慎重にいかないとNGをだしてしまった子どもに大きな負荷をかけてしまう場合もある。

◇ジェスチャー伝言ゲーム

場所：教室
人数：一ゲームにつき五〜六人
必要なもの：特になし
ルール：チームごとに集まり、前に出て横一列に並んでもらう。一番下手にいる子どもを出題者、一番上手にいる子どもを解答者に任命し、講師がそのチーム内の出題者だけに、「犬」などのお題を見せる。そして出題者以外のメンバーに左向け左をしてもらい、下手側の様子が見えない状態にしてもらう。一人ずつ順番にお題をジェスチャーで伝えていく。解答者まで無事に伝わったら成功。
特徴：真似をするということで、表現が苦手な子どもにもハードルが低くなり、表現欲が高い子どもはどこまでもがんばることができる。
ねらい：非言語表現を体験する。同時に、非言語表現が非言語のまま伝達することを体験する。自分の表現だけではなくて、その表現を伝えてもらい、伝わっていく様子を体感してもらいたい。
注意する点：お題のレベルによってゲームへの参加度が変わってくる。簡単すぎても難しすぎてもいけない、そのチームに合ったちょうどよいお題を出すのに、工夫が必要。

開発されてきたツール

学校現場で、コミュニケーションティーチングのプログラムを先生方に無理なく使ってもらえるよう、様々な支援ツールが開発されてきています。ここでは、大阪大学コミュニケーションデザイン・センターと京都大学教育学部の共同研究である、文部科学省補助事業「高等学校における多様な学習成果の評価手法に関する調査研究」で開発されたいくつかのツールをご紹介します。

劇団旗揚げワークシート

1年　　　組
2年
劇団名＿＿＿＿＿＿＿＿＿＿＿＿＿＿＿

◆どんな劇団ですか？劇団の紹介をして下さい。

例）劇団代表のみかん和歌山こと山崎です！私たちはコント系（お笑い）をやりたいと思っています！よろしく～！

◆役割（１人一つ以上担当してください。芸名をつけても良いです。）

制作（書記係）＿＿＿＿＿＿＿＿
仕事内容：ワークシートなどの記入

舞台監督（タイムキーパー）＿＿＿＿＿＿＿＿
仕事内容：スケジュール、稽古時間のタイムキープ等

小道具（道具係）＿＿＿＿＿＿＿＿
仕事内容：ファイルの管理、小道具、衣装

看板俳優（音読係）＿＿＿＿＿＿＿＿
仕事内容：ワークシートの進行、欠席者へのフォロー

舞台美術（レイアウト）＿＿＿＿＿＿＿＿
仕事内容：稽古場、発表の舞台の配置等

新人（チラ見係）＿＿＿＿＿＿＿＿
仕事内容：他のグループの視察

他に必要な配役があれば…（　　　　　　）＿＿＿＿＿＿＿＿

タイトル：

合い言葉：

ランタイム：

※上演時間は５分以上～10分以内です。

◇劇団旗揚げワークシート
それぞれのグループを「劇団」に見立て、それぞれの生徒が自分の役割を把握するためのシートです。「チラ見係」というのは、他のグループの様子をチラ見にいく、という係です。

コミュニケーションワーク学習評価シート

<table>
<tr><td rowspan="9">一回目　月　日</td><td>ねらい1</td><td>コミュニケーションゲームにしっかり参加できた。</td><td>5　4　3　2　1</td></tr>
<tr><td>ねらい2</td><td>グループ内で発言できた。</td><td>5　4　3　2　1</td></tr>
<tr><td>ねらい3</td><td>台本の練習に積極的に参加できた。</td><td>5　4　3　2　1</td></tr>
<tr><td colspan="3">感想・問題・気づいたこと</td></tr>
<tr><td colspan="3"></td></tr>
<tr><td colspan="3"></td></tr>
<tr><td colspan="3"></td></tr>
<tr><td colspan="3">（　　　　　）さんからわたしへのダメだし</td></tr>
<tr><td colspan="2">自分へのダメだし（来週への意気込み）</td><td>私が思う劇団内MVP
さん</td></tr>
<tr><td rowspan="9">二回目　月　日</td><td>ねらい1</td><td>コミュニケーションゲームにしっかり参加できた。</td><td>5　4　3　2　1</td></tr>
<tr><td>ねらい2</td><td>グループ内で発言できた。</td><td>5　4　3　2　1</td></tr>
<tr><td>ねらい3</td><td>台本の練習に積極的に参加できた。</td><td>5　4　3　2　1</td></tr>
<tr><td colspan="3">感想・問題・気づいたこと</td></tr>
<tr><td colspan="3"></td></tr>
<tr><td colspan="3"></td></tr>
<tr><td colspan="3"></td></tr>
<tr><td colspan="3">（　　　　　）さんからわたしへのダメだし</td></tr>
<tr><td colspan="2">自分へのダメだし（来週への意気込み）</td><td>私が思う劇団内MVP
さん</td></tr>
</table>

◇コミュニケーションワーク学習評価シート
グループワークにおける、自己評価と相互評価のためのシートです。

【審　査　票】　1C

名前：

以下の審査項目から、各チームごとに、一番あてはまる(良かった)ものに**1つだけ◎**、その次のものに**1つだけ○**をつけてください。気になったことがあれば、空欄に新しく審査項目を作っても構いません。
※みなさんの審査により「観客賞」が決定します!

審査項目	チーム1	チーム2	チーム3	チーム4	チーム5
セリフが、しっかり聞き取れた／しっかり言えていた					
話の内容がわかりやすかった。					
恥ずかしがらずに、思い切って演じていた。					
もう一度観たい！					
チームとしてまとまりがあった。					
面白かった。					
その他：					
その他：					
発表チームへ一言、励ましコメントをしてください。					

<結果>あなた審査した中から、上位2チームを選ぶなら？

◆第1位：(　　　　　　　　　　　　　)

クラス別発表会審査票

審査おつかれさまでした!

【教員・講師用審査票】

名前：

審査するチーム名(　　　　　　　　　　　　　　　　　　　　　　)

審査項目	いずれかに○
セリフが、しっかり聞き取れた／しっかり言えていた	A ・ B ・ C
話の内容の伝え方、わかりやすさ。	A ・ B ・ C
立ち位置・舞台の使い方。	A ・ B ・ C
よいセリフがあったか。	A ・ B ・ C
新たな一面をみることができた。	A ・ B ・ C
もう一度観たい！	A ・ B ・ C
面白かった。	A ・ B ・ C
チームへのコメント：	

審査した中から、上位2チームを選んでください。

第1位(　　　　　　　　　　　　　)
第2位(　　　　　　　　　　　　　)

◇審査評
発表会を審査するためのシートです。

第三章

演劇教育の活用

平田オリザ

演劇はコミュニケーション能力を育成するための最良の手段の一つであることを第一章で紹介しました。また、多様な人たちが主体的に参加し、チームの相互作用を通じて新しい創造と学習を生みだす活動という意味の「ワークショップ」も広がりを見せてきました。広義では、私たちの演劇教育もこの中に含まれるでしょう。本章では、ワークショップ的活動を取り入れた授業や、教育における演劇の活用について様々な事例を紹介しながら具体的に説明していきます。学校教育以外の例もたくさんありますが、そこから授業へのイメージをひろげていただけると思います。

一　演劇をつくる授業、演劇を使う授業

演劇的な手法が入った授業は既にある

最近では既存の教科もいろいろと変わってきているようです。たとえば図画工作には造形遊びという活動があって、直接的に明記されているわけではありませんが、ワークショップ的な要素も強く、コミュニケーション能力の育成やその中での自己肯定感の向上を図ることが十分に可能です。別にわざわざ演劇をしなくても、造形遊びをすればいいのではないか、という話になりそうですが、私はそれでも全く問題ないと思っています。以前、体育教育関係の出版社からインタビューを受けましたが、体育でもそういう教材が増えつつあるようです。各教科の中にワークショップ的手法や演劇的手法を取り入れてもらうことは大切なことです。ですので、演劇教育を単体で考えることもできますし、各教科の授業を活性化するためにワークショップ的手法や演劇的手法を使うというように考えることも可能です。

小学校では、担任の先生が全ての授業を指導されることが多いので、担任の先生自身がそれらの手法を

理解して授業ができるようになる必要があるでしょう。しかし、中学校や高校では、他の教科と同じように演劇の専門の先生が指導するのがよいと思います。実際、諸外国でもそのようになっています。そのためには、演劇の指導ができる先生を育成することが大切になっていきます。また、教科横断型の授業も増えてきていますので、演劇の先生が他教科の先生と組んで演劇的な要素の入った授業をつくっていくということもこれからは重要になってくるでしょう。演劇の先生がいない場合には、プロの演劇人でも教育プログラムも担える人材が増えてきていますので、そういう方たちにお声掛けいただければ、きっとお役に立てると思います。

二　体を動かして学ぶ

演劇を導入で使う

現場の先生方と話したときによくでてくるのは、子どもたちの学習へのモチベーションが弱いということです。ですので、まずは関心をもたせたい、ということが悩みのようです。先生方は教える技術を当然すでにもっていますので、まず関心を引き付けるために、あるいは今以上に学ぶモチベーションを喚起するために、演劇的なものを導入で使うというのは非常によいと思います。

算数や数学では、蓮行さんもずいぶん以前から、演劇ワークショップのコンテンツを開発しています。蓮行さんの「演劇で算数」は、単元のはじまりの見開き二ページくらいのまさしく導入の部分を、参加型演劇にしたコンテンツです。そこでは、子どもたちが参加しないとストーリーが進まないようになっています。すると、普段は算数の時間にうつむいている子どもも、ちゃんと舞台を見て何とかストーリーを進めようと参加するのです。この本では、演劇は「参加型」であることを前提にして書いていますが、十年以上前は「演劇で算数」といわれて皆さんが思い浮かべるのは「算数の勉強に役立つ演劇を鑑賞させる」というものでした。これを「参加型」にしたことが、当時非常に画期的だったのです。

体を使った国語

「演劇で算数」の例ほど「演劇」として成立させなくても、あの手この手で「子どもたちが参加せざるをえないような状況」をつくることが大切です。そのために体を動かすことはとても有効です。私は「体育館で行う国語の授業」というのをよく実施します。

たとえば、小学校二年生ぐらいからでもできる「エア縄跳び」という定番のコミュニケーションゲームがあります。二人で架空の長縄を回してそこに四人くらいが入って、長縄跳びをしているように見せるというものです。これは縄跳びのイメージを共有するというプロセスを経れば、誰でもできるようになります。国語でこれを活用するために、このエア長縄跳びをしながらしりとりをします。すると突然難しくなってなかなか跳べなくなります。運動神経のよい子ほど、ん？　となってしまいます。また、さらにこれを応用した「言葉ドッジボール」というものもあります。ボールを投げる前にある決められた条件に合った言葉、たとえば「地名」といったものを言わなくてはいけない。そうすると、やっぱり運動神経のいい子、普段は苦もなく投げている子ほど、止まってしまい、ん？　となります。見ている方は、先に考えておけばいいのにと思うのですが、やっている子どもは「あ、ボール来た」とボールを投げるときになってから考えるからどうしても止まってしまうのです。

こうすると、普段はドッジボールが苦手な子どもも、少し活躍できる余地が増えます。いつもビュンビュン投げている子どもがあれ？　と考えている間に、さっと後ろに下がって逃げることができますから。国語以外でも歴史の年号や元素記号などといったように、様々な教科や難易度のテーマを設定できます。

このように、体を使って国語の学習をするということや、得意不得意の位相を逆転させること、頭と体の連携の仕方を変えることが、子どもたちにとってはとても新鮮で、授業は活性化します。「じゃあ、今日の国語の授業は体育館でやるよ」と言うと、みんな「えー！」という感じになりますよね。そこからすでに始まっているわけです。活性化すれば、授業への取組みがよくなりますし、体と頭の連動の仕方が普段と全く変わりますので、そこで使ったことは、記憶に定着していつまでも忘れない。体を動かして授業を活性化することが長期記憶につながると考えられます。

ほかにも、小学校二年生では六人一班になって漢字をつくるという活動をやっています。体育館に教科書を持ってきてもらって、巻末に載っている漢字の一覧を見ながら、班で三分の間に何個の漢字をつくることができるかという活動です。一人が寝ていると「一」。もう一人小さい子どもが寝ると「二」。もう一人大きい子どもが寝ると「三」。そこに縦にもう一人寝ると「王」。さらに小さい子どもがうずくまると「玉」。というようにしていきます。これもうまく順番を考えてつくらないと沢山はできない。時間を区切ってやりますので、子どもたちはとても興奮して取り組みます。だんだんと「この順番でやろう」と盛り上がっていきます。興味が湧いて、当事者意識が生まれますので、ここで使った漢字は忘れにくい。そして、国語が苦手で運動神経のいい子どもにもそれなりの見せ場があります。ただしこれは、二年生が一番適しています。三年生以上だと男女が重なりあうことに抵抗を感じる子どもも出てきますし、一年生だと習う漢字の数が少なすぎて差がでにくい。このように、年齢や発達段階に応じた適切な活動というものがあります。

よりよい振り返り

これらの活動は、担任の先生が一人でも十分取り組むことができます。活動においては、可能であればそれぞれの発表を、ビデオやICT端末で撮影しておくと、後で振り返りに使うということができてよいでしょう。しかし小学校二年生くらいまでは無理に振り返りをさせなくてもよいと私は思っています。撮った映像を見て、面白かったところや、工夫したことをお互いに伝え合うというようなことはたしかに効果があります。しかしみんな頑張りましたというような意見だけでは意味がありません。他のチームとどう違ったのかといったことや、あと一分あればどの漢字をつくることができたかといったことをきちんと聞くことが大切です。ですから、今後は、授業の後の振り返りの発問集のようなものも、整備する必要があるかもしれません。

踊ることで初めてわかる

高校生では、「AKB48」と「ももいろクローバーZ」のダンスを実際に踊ってみて、そこからビジネスモデルの違いを考えるという社会科の授業なども可能です。踊ってみると分かるのですが、この二つは明らかにダンスの質が違います。では何故違うのか、ということを考えるのです。AKBは比較的簡単で、多くの人が踊りやすい。つまり大人だけでなく、子どももターゲットに入れている。一方、ももクロのダンスは、ちゃんとコピーしようとすると本当に大変なんです。彼女たちは一緒に踊るのではなく応援型のアイドルなので、一生懸命踊っているのを応援することが大切なわけです。万人受けする必要がない。そのかわり十万人のファンクラブに限定して高いグッズを売るという商法です。明らかにビジネスモデルが違いますね。だからCDの売り上げからなにから全部違うわけです。実際に踊ってみてそこから違いを考えた後に、そういう統計をもとに分析をする。そして更に学んだことを活用して、自分の好きなアイドルがどちらのビジネスモデルなのか、あるいは別のビジネスモデルなのかということを研究するという授業です。

これは、ダンスという体育の中の表現的活動と社会科の教科横断型活動ですが、踊ってみることで初めて分かることがある、ということですね。動画を見て頭で考えるだけでなく、身体性を含めた総合的な知を養うことができます。演劇を中心にすえるのであれば、未来の携帯電話をどう開発するかということを、未来の生活を仮想した演劇を元に考える、というような言語情報を加えたストーリーベースの学習などが試みられています。これは、理科で習った発電の仕組みや、総合的な学習などで触れるキャリア教育を、演劇が統合するというケースです。

これら事例のように、演劇的活動を活用することで、教科横断的な活動につなげていくことができます。

三　演劇を使った学びの効用

見られること

　ここまで、体を使ったワークショップ的活動が授業を活性化させるということを見てきましたが、ここからは演劇を使った学びについて説明します。

演劇のよいところは、まず、誰に伝えるのかという視点が入るところです。演劇の指導のたびにこのことを説明しているのですが、伝える相手を意識する、というのは現在の日本のコミュニケーション教育に大きく欠けている視点です。第一章でご紹介した、城崎の子どもと但東の子どもに身につけさせたいコミュニケーション能力では想定する相手が違うというのが、分かりやすい点かと思います。「どこで」「誰に」伝えるのか。そのことを意識しなければ、身に付けた力を活用することができなくなってしまいます。演劇には必ず観客がいますので、自分たちの演技がどのように見られているのか、否応なしに意識することになります。そしてもちろん、劇をつくる際には登場人物同士の対話を考えるわけですから、「登場人物同士の伝え方」と「その様子の観客への伝え方」という両方の視点を同時に持つトレーニングになります。

現在、看護学校では盛んに看護のロールプレイが取り入れられています。学生同士が看護師と患者に分かれてロールプレイをしている様子を、先生や他の学生が見ていて、あとでフィードバックする、というのが一般的な形式です。そのときどうしても、同級生の前や先生に見られているので恥ずかしがってうまく作業を演じることができない学生が多くいるのですが、高校を卒業したばかりの十八歳から二十歳の層が大多数であることを考えれば、無理もないことです。しかし、第三者の視点を常に意識しておく経験を学生のうちからしておくのは大切なことです。なぜなら、実際の看護の現場では、個室ということはあまりなく、必ず誰かに見られているからです。他の患者さんや同僚の看護師や医者など多くの人が、患者に接する様子を見ながらその看護師の評価をする。また、たとえ個室であっても、看護師は必ず第三者の目、看護者の良識の目である「ナイチンゲールの目」を意識して、自分を客観的に見ることができなければいけない。これは看護師でなくともあらゆる職業にいえることですし、学校の先生にとってももちろん大切な考え方ではないでしょうか。そうした意識をもつためにも、見る／見られるという関係をつくるということはとても大切ですが、演劇にははじめから誰かに見られるという前提がありますので無理なく、これを実践できます。

幕が上がる

演劇の効用としてもう一つ「幕が上がってしまう」ということがあります。これは観客がいるということとも関連するのですが、始まってしまうとどうにかしなければいけない。この「どうにかする力」がつきます。しかもチーム全員でどうにかしないといけない。紙にまとめて発表するような通常の研究発表では、時間がなくなってくると、できる子どもが一人で書いたり一人で発表したりすることができますが、演劇の場合はそれが通用しません。ですので、たとえばタイムマネジメントがうまくいかないと明らかに失敗するので、みんな悔しがります。悔しがることもとても大切な経験です。普段の成績のいいはずの子どもたちも、何故失敗したのかということをすごく反省し原因を考えます。すると、反省する中で、自分の意見だけを通そうとしてもダメだということに気づきはじめます。チームの仲間と協力して進めないと仕方がない。この「タイムマネジメントする力」、「仲間にやってもらう力」、そしてそれによって「どうにかする力」。この三つはリーダーシップをとる際にも必要な能力です。しかし、従来の教育ではなかなか身につけられなかった力でもあります。部活でもアルバイトでも、「リーダーシップを取らなければならない」機会には、高校生くらいになれば大なり小なり遭遇します。大人になって仕事に就けば、なおさら避けて通ることは難しいのです。

演劇の問題ねつ造能力

糖尿病専門の内科医で、私たちがお付き合いのある名古屋大学医学部附属病院の岡崎先生という方がいらっしゃって、「糖尿病劇場」という医療スタッフ向けの啓発劇をつくろうとされていました。糖尿病はもともと、医者、看護師、栄養士、ケースワーカー、そして家族というように様々な人が患者にかかわっていて、この人たちの合意形成ができないと治療にあたれない病気です。そのことについて理解を深めてもらうための啓発劇です。

最初に考えられたものは、患者が我慢しきれなくてケーキを食べてしまったことに対して、家族が少しくらいいいじゃないですかとかばったり、栄養士が栄養学的な説明をしたりして議論する内容でした。これはこれでとても面白いしインパクトもあったのですが、私たちの演劇的思考を学び始めることで内容が変わりました。たとえば、年寄りの患者にはシングルマザーである娘がいる。娘はいつも働きにでているので、患者と孫がずっと一緒に過ごしています。ある日その孫が、大好きなおじいちゃんの誕生日に初めてケーキを焼いてくれた。さて、そのケーキどうするのか、というようなストーリーになったのです。要は、現実はどちらに近いかという話です。単純にお菓子をバクバク食べてしまう患者のストーリーではなく、患者一人ひとりにはそれぞれの事情があって、その事情を汲み取っていけるかどうかということが、医療従事者にこれから問われていることです。しかし、そのすべてのケースを挙げて学んでいくような、知識を蓄積するタイプの学習は不可能です。そうすると、汎用的な対応ができるようにするために、自分で主体的にものを考えたり発見したりして、そしてしかも、ではどうするのかということを考えるような習慣を身につけていく以外に、おそらく対処の方法はないでしょう。この「糖尿病劇場」の事例は、劇をつくるつくり手も個別のケースを深く考えられるようになることと、それを観客として見た人たちにも考えるきっかけを与えることで、重層的な効果が発揮されています。

最近は企業のコンプライアンスの講座に呼ばれることも増えました。今はどの企業でもとても細かなマニュアルがありますので、よほどのことがないと事故は起こりません。これは逆に、起こる事故というのはマニュアルにない、つまり想定外ということです。想定外の事故が起こったときにどのようにふるまうのかということをシミュレーションすることは、演劇は非常に得意なわけです。架空の事故が起きて、それにどのように対処するのかという演劇をつくりながら、企業のリスクマネジメントにおいても、個々のコミュニケーション能力を高めていくことが最も大切なことであるということを学ぶのです。

学校においても、演劇や演劇的手法を通して、リスクマネジメントを経験的に学ぶことが大切になってきます。防災や、防犯、あるいはいじめの問題も、マニュアルでは対応しきれないことが多いですし、子どもたちも子どもたちなりに、しっかりとしたコミュニケーションをとりながら、自分たち自身で危機対策ができないといけないでしょう。もちろん、それですべての問題が解決されるわけではありません。演劇ワークショップは、対処療法ではなく、漢方薬のようなものです。病気が起こりにくい身体をつくるのには、とても優れた作用を持っています。

近年、「問題解決能力」よりも、問題をまず発見する「問題発見能力」が大事だとよくいわれますが、極端にいうと演劇には「問題ねつ造能力」があります。演劇では、必ずある問題が起こります。言いかえれば、ある問題に対して登場人物がどのように動くかということを見せるのが演劇なのです。つまりそれはどうすれば人が困るかを考えることになります。困らなければ問題になりませんので。そして、登場人物たちがその問題を解決しようとあれこれするのを演じて見せるのが、ドラマの基本です。

劇作家というのは本当に嫌な商売で、世界中のあらゆる仕事は基本的に他者を幸せにするためにありますが、劇作家だけは「どうすれば人が不幸になるか」を一生懸命考えています。しかしこうした思考はとても大切なことで、たとえば福島の問題を解決しようとするときに、みんないい人なのにどうして上手くいかないのかということを考える必要があるわけです。そのことを、劇にする活動のプロセスで考えさせる。リアリティのある劇をつくるためには、みんな善意をもって行動しているけど上手くいかないような状況を考えることが重要です。多くの人は、そういうとき、外部にワルモノをつくって、それを叩けば解決するというように考えます。政治家がよくいう、いわゆる「抵抗勢力」をつくって叩くというやり方です。しかしそれでは物事は、本質的には解決しません。みんな善意だという前提で、しかしなぜからまくいかない、どうしたらうまくいくのだろうということを考えるような状況をつくると、どのような活動も活性化します。

問題というのは、特に大問題でなくてもかまいません。たとえば観光教育と結び付けてもいいでしょう。自分たちの地域の観光資源をみんなで調べて、それをどのように、よその人に伝えるかということも問題なわけです。由緒があるのに、寂れてしまった神社をどうやって再興するか、というような話でもかまわない。環境教育であれば、「生活者は便利に暮らしたいだけで、悪気はない」という前提に立って電力の問題を考えることもできます。発展的には、石油やウランの輸入の問題と絡めて、キリスト教とイスラム教の宗教対立などといった世界史や現代史などの視点を入れることもできるでしょう。防犯教育でも「怪しい人に近づくな」だけではなく、なぜ犯罪が起こるのか、犯罪を起こすような人を生みださないためにはどうすればいいのか、という視点を子どもたちももつことができるかもしれません。「演劇で環境教育」や「演劇で安全教育（防犯、防災、交通安全）」などは、学校での実施の事例もかなり蓄積されています。

以上のように、「社会を共につくっていくための、必須の能力を身につけさせる」という視点で、演劇教育の導入を検討することもできます。

国語における演劇教育

演劇教育を実際に行う場合、子どもの発達段階に応じて、考えさせる部分をどのくらい広げるのかということが大切です。穴埋め問題の穴を、どれくらいの大きさに設定するかだと考えてください。

たとえば国語の教科書に載っている物語を使った活動を考えたときに、小学校低学年であれば、一番好きな場面を静止画にするだけでもよいでしょう。これを「人間紙芝居」と呼んでいます。言葉を使わずに静止画をつくる。これを班ごとに発表して、他の班がどうだったのかを批評し合うことは、二年生でも十分できます。

小学校の中学年では、教科書に載っている物語のセリフではない地の文で「このときあなたならなんて言うだろう」という活動をします。静止画は言葉を使いませんでしたが、この活動では「次の一言」を言葉にして、声に出してみます。この次になにか言うとしたらどんな言葉を言うのだろう、どのような言い方で言うのだろう、ということを考えます。一言ですが、その一言をそれぞれで考えて、声に出してみる。そこまでのセリフはあってその次のセリフを考えてみるという形でもいいでしょう。これをワークシート化して、授業で使うこともできるのではないでしょうか。ただし、正解があるようなものではなく、いろいろな答えが出てくるような設問にすることが重要です。

中学年でも四年生なら、簡単な会話くらいは書けるようになります。段階を追っていけば、十分に可能ですが、物語をつくるのは難しいです。

さらに五年生以上になると、物語を意識して数行のセリフは書けるようになる。三省堂の五年生以上対象のワークシートでは、先生が来るまで何の話をするか、転校生がどんな自己紹介をするか、転校生にどんな質問をするか、先生がいなくなってから何の話をするか、という大きな十行、三行、五行、十行ぐらいの穴になっています。

このように、子どもの発達段階に合わせて考える「穴」を広げていくことが大切です。この設定が的確であれば、問題ないでしょう。これを、なんとなく「はい、つくって」というようなやり方をしていたので、上手くできたりできなかったりするというバラツキを生むことになっていたのだと思います。四年生でも、ワークシートを使ってできないことはない。ただし、できる子とできない子がいますから、結局、普段の授業と、あまり変わらないものになってしまう。演劇教育のいいところは、全員参加を促しやすいところですから、適切な教材で、それを実現することが肝要です。

香川県のある小学校は、研究指定校として演劇教育に取り組んでいました。国語教育と連動させ、教科書のある場面を演劇にしてみる、といった内容を三年間続けていました。その演劇を見て他の班の子どもたちが意見を言う、ということを繰り返し行うようにしたのです。それも、ただ感想を言うだけではなくて、どのような工夫があったのか、どのような工夫が面白かったのかといったような、劇をつくる際のプロセスについて必ず発言するようにしました。三年経つと、東京から来た講師の先生たちが驚くほどに発言率が高くなりました。要するに授業への参加率が高くなっているということです。全員が見る側にもやる側にもなるので、いわゆる文字通りの「お客さん」の子どもがほとんどいなくなるのです。

演劇の授業をやって驚かれるのは、普段本当に喋らないような子どもが発言することや、なかなか作文を書けないような子どもでも自分のセリフを自分で書くということですね。結果として授業の参加率は非常に高くなるわけです。

こうした活動をする際、ワークシートはとても大切です。どういうワークシートにするか、きちんとステップに応じて、子どもが書いていくようにデザインする必要があります。考えたことを書けるようにすることが大切です。観光教育と結び付ける演劇ワークショップでも、ここがどこで、登場人物が誰で、その土地の内部の人と外側の人が誰で、ということをちゃんと書いて落としこんでいけるようなワークシートが必要になります。先生方がご自身でワークシートをつくる際には、そういうところを大切にしていただきたいと思います。

今までの演劇教育は、既成の脚本をうまく演じる、表現するという情操的な部分を重視していました。一方で、シナリオの論理的な骨組みを考えるといったところは、あいまいにしてきた部分があります。でも、私たちがやろうとしていることは論理的な思考をそこで身につけてもらうということも重視していますので、演劇のきちんとした論理を身につけることも大切だと思います。

大人の会議でも、最初にプリントだけ配って、言っているそばから自分が何を言っているのかが分からなくなって小田原評定になるということがよく見られます。ワークシートに書く、ホワイトボードに書く、黒板に書く、そして合意が形成されたら、記録する、ということを前提としていればそのようなことはなくなります。ワークシートを用いて演劇をつくることを身につけると、将来の会議の仕方もずいぶんと合理化するのではないでしょうか。次の第四章で蓮行さんが「暗黙情報と形式情報」、「静的情報と動的情報」という理屈で説明していますので、参考にしてください。

私が学校に行って直接子どもたちに指導する様子をご覧になると、他校の先生から「この授業の準備にどれくらいかかったんですか」と聞かれますが、私は全く準備をしません。準備しなくても、慣れればできるようになります。逆にいえば、きちんと準備すれば、おそらく演劇の経験がなくてもできます。

年間指導計画に落とし込む上での注意としては、教科書に掲載されている私の教材は、三時間の想定になっています。中学校だと五十分の三コマですので、十分できるのですが、小学校の四十五分で三コマでは少し余裕がないかもしれません。クラスの人数が少なければできますし、私や蓮行さんのようなプロの演劇人は、依頼された時間数でどうとでもやってしまうのですが、先生がご自身で実践する場合には、少し余裕をもって四～五時間の設定にしてもよいでしょう。一コマずつ三週にわたって三コマを確保しても、ある一日にまとめて三コマで活動しても、どちらでもできます。四～五時間確保する場合も同様です。

ただし、基本的には、少し厳しめの時間設定にしてあげた方が、子どもたちにタイムキープの習慣が身につきます。短い時間でも、子どもたちは「どうにか」します。

積み上げること

城崎小学校では三年前から毎年演劇の授業をしています。そして今年から城崎中学校でも始まりました。城崎中学校の一年生はもうすでに、小学校で私の授業を受けています。通常、中学生はなかなか手強いのですが、まったく問題はなかった。私も子どもたちのことを知っていますし、アートセンターの前が通学路になっているので子どもたちも挨拶をしてくれます。前回の授業もうまくいきましたので、今回は大学生がするような演劇創作の授業と同じように、場所や背景、そこで起こる問題など全てを子どもたちに考えさせました。城崎の中で場所を選んで、どの時間帯が一番いろいろな人と出会うのかを調べて、いいことでも悪いことでもいいので城崎の何を伝えたいのかを考えさせました。もちろん登場人物も城崎の人、外から来た人、中間部の橋渡しになる人というように役割分担して、そのすべてをワークシートに書きながら進めていったのです。外部の人も、外国の人の場合もあれば、日本国内から来た人もいますし、混ざっている場合もあります。中間部の人の設定は、昔豊岡に住んでいて通訳をする人、というように細かく設定している。伝えることもいいことばかりではなく、ある班は、城崎（きのさき）旅館の隣に城崎（しろさき）旅館という偽物ができて、その旅館がお客をとっていくのが問題になっているのをみんなで解決するというような劇でした。中学一年生がこれを三時間で見事に形にしました。

この授業は、これが中学生相手では初めての実践でした。もちろん成功するとは思っていましたが本当にうまくいって、先生方や街の人がとにかく喜んでくれました。

このように、小学校から取り組んでいれば中学校でもここまでできる。もちろんそれまでの積み上げがない状態でいきなりこの授業をすると確実に失敗するでしょう。これらは、一年間に一回取り組むだけでも全く違います。

私はこの指導を一人で行います。つまりこれは学級の先生方でもできるということなのです。アメリカなどでは劇団がいろいろな小学校に出前していくということがあります。蓮行さんもそういうスタイルでした。もちろんこれは一つの理想形としてはありますが、なかなか今の日本の現状では受け入れてもらえません。人数がたくさんいれば、「それは、まぁ、できるよね」と思われてしまうので、私の場合は、とにかく一人でやる必要がありました。

ただ、指導をしている間に様子を見ていた豊岡の先生は「平田先生だからできるけどちょっとこれは、私たちだけでは……」とも仰っていました。しかし私と全く同じようにできるようになる必要はありません。子どもたちへのアドバイスの仕方のこつが分かれば大丈夫なのです。

私が先生方を見ていて感じることは「待てない」ということです。どうしても先回りして声をかけてしまう。そのタイミングはじっくり研究してほしいですね。

先生方には、振り返りのときのアドバイスの仕方も難しいようです。これは、ケースバイケースなので、ある程度慣れるしかありません。そういう意味でも、学年が上がって内容が高度になってくると専門家が入った方がよいでしょう。中学校になったら、芸術の教科ごとに先生がいるのと同じように、演劇を専門にした先生が必要だと思います。

四　教科を超えて、さらには教科を解体して

演劇を中心にすえたカリキュラム

ここからは、第五章の鼎談でも紹介している話ですが、少し仰々しく、教室・学校・教育行政の未来予想図的を考えてみようと思います。

まず、私の考える時間割の理想は、小学校四年生ぐらいまでは、算数と国語を週に三〜四コマずつ残して、あとは全部演劇的な授業にしてしまう、というものです。本来なら国語もいらないのですけど、日本の国語教育は漢字を憶えなければいけないという他の国とは違う特殊性があります。これはある程度、効率よく教える必要があります。算数も、他の教科の基礎になる要素が大きいので、ある程度効率よく教えなければいけないでしょう。その時間を残して、それ以外は全て教科横断型の演劇的な学習の時間にして、子どもの関心に応じて、トピックの方に様々な教科の内容を入れていくという形にしたいですね。

それから徐々に教科が分かれていくようにするのがよいと思います。そして中学校では少し選択科目を

いれていく。

小学校の一、二年生の理科と社会がなくなって生活科が導入されたのが一九九二年、総合的な学習の時間が導入されたのが二〇〇〇年です。大学入試改革が二〇二〇年の予定ですから、特にこれから先、将来的に教科という概念が希薄化する可能性は、絵空ごとではありません。

先行的な取組みをしている学校もあります。たとえば筑波大学附属駒場中学校では、「選択国語」がありえます。その選択国語の中で演劇を利用した取組みを行っています。

公立の学校でも、現場の裁量は相当大きくなっていて、たとえば、第一章で紹介しました愛媛県の学校での「聞く力」というテーマでの取組みなどがよい例です。今の校長先生の裁量権のなかでも、そういうことは十分出来るということです。

そうした未来を意識しつつ、現状では、全ての教科に少しずつ演劇的なものを入れて、薄く広く「演劇をツールとして扱う」場面と、学校行事などで外部の人の力も導入して「演劇そのものを扱う」授業を設けるのがベストだと思います。

ワークシートを活用する

このように考えた場合、様々な教科で、演劇をモジュールあるいはツールとして活用できるということを、演劇の専門家としては示さなければならないと思っています。そして、それらを実際に現場で使えるようにするためには、具体的なワークシートなどの教材が大量に必要になります。大量の教材を百科事典のように紙媒体でまとめて、というのは利便性が低いですから、そうすると、インターネット上に様々な教材を置いて、先生方が自由に選んで、資料を編集できるようにするという方向に進むかもしれません。実際に相当前から、こういった方式が協議はされてはいますし、著作権の問題などがクリアされると、今後は教科書会社も資料ごと、単元ごとにデータで販売することになるのかもしれません。同じ「ごんぎつね」でも、指導書などに付属されているワークシートの資料の質で競うことになれば、先生方にとっても有益な状態になると思います。

その結果、年間指導計画を見ると、一学期の一週目から四週目まではA出版の資料を使い、五週目から八週目まではB書院の資料を使うというようになるかもしれません。ある一単元だけ非常に優れた資料をつくるベンチャー企業が現れるかもしれませんね。

現状でも、副教材や補助教材、特に授業で配るプリントなどは、先生方の裁量が強く認められています。先生方にとって資料を選んで編集する力、それを具体的な子どもの学びにつなげる力は、さらに必要になっていくでしょう。教科書は、現状は逆の流れで、行政の関与を強めようという動きもあるようですが、長い目で見れば裁量の分権が進むと思います。私たち演劇の専門家も、先生方に使いやすい教材を、世に送り出さなければと考えています。

各教科に、ツールとして演劇を取り入れた次の段階は、教科横断型の授業において演劇的要素を導入していく形が想定されます。前述のダンスと社会科の授業などもその一例といえます。教科横断で、現在もっとも取り組みやすいのは、語学教育でしょう。現状の教科でいうと国語と英語ですね。国際科というようなコースを設置している高校もありますが、そういうコースでは、日本語と英語を橋渡しするような内容が重要でしょう。転校生が英語しかしゃべれないという設定にして、中学英語レベルしか話せない在校生とのカタコトのやり取りを演劇にすれば、国語の「転校生」のワークシートを使ったまま授業ができます。

次期学習指導要領の改訂では小学校でも高学年で英語が教科化されます。「日本語の話せない外国人の転校生に、地域のことを紹介していく」というような活動であれば、演劇を軸として英語・国語・社会、あるいはふるさと教育や観光教育を横断した授業が、効率性と有用性を両立させたものとして、重宝されていくでしょう。

トピックス中心の学びに

最後に、教科がなくなった先にどのような授業が想定できるのかについて触れたいと思います。今、まだない未来や価値観を示すのは、劇作家を含む芸術家の重要な使命の一つですので。

私が最近よく例にだすのは、「なでしこジャパン」です。なでしこジャパンがワールドカップで戦っている時期であれば、ワールドカップ期間中はずっとなでしこジャパンについての授業を行う。もちろん勝ったり負けたりで盛り上がるのもいいです。早めに負けてしまうと授業が続かなくなってしまうので、そういう意味でも一生懸命応援します。そこで、応援の手紙を書く、国語的な活動です。応援の歌を歌ったりつくったりするのは音楽。応援のポスターをかく、図画工作・美術となります。フィールド全体やペナルティエリアの広さ、選手の走る速度の平均を出して、端から端まで何秒で走れるのかを計算するのは、算数ですね。中学校では、女性の社会進出の調べ学習もできるでしょう。なでしこジャパンの中で結婚している人は何人いるのか、子どもがいる人は何人いるのか。他の国の選手と比べてどうなのか。その違いはどこからくるのか。これらを調べて考察するのは社会科ですよね。相手国の歴史、日本との関わりは世界史です。無回転シュートはどういう原理でボールが揺れるのかを考えるのは理科です。もちろんサッカーですから、そのまま体育でプレイすればいいでしょう。

こういうふうに、あらゆる教科を「なでしこジャパン」に関連付けて、授業に落とし込んでいく。算数や数学は比較的落とし込みやすいですね。今日の選手村の夕食は、天ぷら蕎麦だったなら、食塩が何グラム溶けているとか、重量パーセント濃度の話になります。栄養素と筋肉の関係なら、理科と家庭科と体育の融合ですね。さらに、それぞれの食材の輸入先と、原価と為替レートを調べれば、大学で学ぶ経済学の導入にもなります。そして、それら学習したことを元にシナリオをつくり、「なでしこジャパン、三週間の死闘」という劇や映像にでもすれば、その学びをまとめ、他者に向けて表現することができます。表現するという作業を経ると、得た知識に別の視点が加わって新しい気づきが得られますし、長期記憶にも定着しやすくなります。

学びのネタになるトピックは、なにもこのような「イベント」ばかりではありません。日常のこと、いろいろな仕事、過去のこと、未来のこと、それらを一度「演劇」にしてみることで立体化し、クラスで共有することができます。それを、各教科の視点に解体して学び、仕上げにはまた「演劇」にすることで、「統合的な学び」をもたらすこともできます。演劇は、学ぶネタを抽出する機能と、それらを再び統合する機能の、両方を備えているのです。

第四章

「演劇で学ぼう」のワークショップデザイン

蓮行

実施に先立って担任の先生と打ち合わせする際に使用する「打ち合わせシート」を紹介しながら、ワークショップデザインの核心に触れていきます。本章のセミドキュメンタリーは、「演劇で学ぼう」のメインターゲットともいうべき、小学校高学年です。劇団E星のK本の苦悩の場面から、始まります。

半戯曲セミドキュメンタリー小説

「あきちゃんは五年生、の役をやった事はあるのだが」

K本　「うーん、まあ、そらそうやわな……」

と、K本はマグカップを口に運び、ホットコーヒーをズッと一口飲んだ。

K本　「いやー、あたし、どんなんやったかな……。大昔過ぎてわからん……」

劇団E星は、十年以上も環境教育の演劇ワークショップを全国展開しているので、それなりにエコ意識は高い。その中でも生粋のエコロジストであるK本は、夜の事務所で一人作業する場合も、明かりは必要最小限しか点けない。パソコンの画面の照り返しを受けて、薄暗い中に浮かび上がるK本の顔は、苦悩に満ちている。

K本　「あの子ら、あきちゃんより確実に大人やな……」

とまあ、えらく昔の事まで思い出してしまった。
K本は、環境演劇ワークショップより前に実践していた「演劇で算数」というプログラムで「あきちゃん」という小学五年生の役を演じていたのである。赤いスカートをはき赤いランドセルを背負って。当時もかなり無理があったが、今では絶対にできない、と思っている。

Ｋ本がかつて演じた「あきちゃん」よりも大人な五年生の女子たち、それがＫ本の苦悩の種だった。コトは、数時間前に遡る。

◆

その日、Ｋ本は五年生の担当であった。アシスタントＣＴには、ＦＪが付いた。Ｋ本とＦＪは共にベテランともいえる立場なので、それぞれがメインのＣＴを担当することが多く、組むことは最近では非常に珍しい。

ＦＪは特に、子どもからすぐに受け入れられて人気の出るＣＴなので、Ｋ本は「今日は楽な仕事や」と思っていた。

ちなみに劇団E星では、代表R行の「疲れたら負けだ！」という哲学に基づく運営方針があり、疲れるまで頑張ってもあまり評価されない。「楽して楽しく成果を上げるのがベスト。苦労して成果を上げるのは、次善。成果を上げないことはあり得ない」という考えが基本なので、「楽な仕事や」と思うこと自体は、悪くも何ともない。

この日は「エコパトロール２２１Ｘ」というタイトルの、環境演劇ワークショップを実施することになっていた。Ｋ本が、新人パトローラーである桂坂隊員を、FJが大ボスの九頭竜大社坂警視総監役を演じ、二十三世紀の未来から、二十一世紀の「環境破壊犯」を取締りに来るというストーリーで、デモンストレーションを行った。

FJ　「よし、では二十一世紀の世界へ、出動！」

K本　「エコラジャー！」

エコパトロールは、手をアルファベットの小文字のeの形にする独特の敬礼があり、同時に「エコラジャー！」と掛け声をかける。デモンストレーションの最後にこの決めゼリフとアクション、そしてテーマ曲が流れ、二人がお辞儀すると、子どもたちは大いに拍手をくれた。ここまでは、上々だったのである。

続いては、教室に戻っての発声練習。いつもの「R行流発声術」を用い、あくびの口にゆで卵を飲み込む「あくび卵発声」を行った。声の出にくい子どもや、ニヤニヤしてなかなか取り組むことができない子どもも多少はいたが、通常の範囲内である。FJの野太く響き渡る声に、みんなが驚いたり笑ったりして、なかなか和気あいあいと進んだ。ここまでも、まずまずだった。

さらに続いて、「エコパトロール入隊のためのトレーニング」と称し、「エコラジャー回し」というゲームを行った。これは独特の掛け声と敬礼を合わせたエコパトロールの挨拶を、円になって次々と回していくというゲームである。まあちょっと恥ずかしがって声の出にくい子どももいるが、それもよくある範囲内で、その子どもたちをいかに盛り上げるかが、CTの腕の見せどころである。たまたまFJの両側が、声やアクションの小さい女子で、FJは右にも左にもデカい声とオーバーアクションで「エコラジャー！」とやるのだが、「……。……。……。（すごく小さい声で）エコラジャ……」としか返ってこない。しかも、照れ笑いでモジモジというのではなく、シラーっとした顔で、である。このあたりから、少し雲行きは怪しくなってきていた。

休み時間を挟んで、次は台本づくりのための、即興の時間である。「台本を書く」というと誰かがパソコン（かつては原稿用紙）に向かってうんうん唸っているイメージかもしれないが、即興劇から書き起こしていくというやり方も、プロの現場でも使われることが少なくない。「環境破壊犯」と呼ばれる、本人にはあまり罪の意識はないものの、環境への負荷が高い生活者がいて、その人たちにエコパトロールが取締りを行う、という設定の即興劇が行われる。

教室の前部分、黒板前を舞台として扱い、教室の中ほどに椅子を並べて客席にしてある。机は、教室の後ろに固めてあって、ワークショップの時間には使わない。

FJは、彼のハマりキャラクターである「めんどくさ造」という、気のいい人だがひたすらめんどくさがりなおじさんを演じている。舞台上は「めんど家」の家の中である。

（FJが子どもたちを、自宅に招き入れた、という体で）

FJ　**「さあさあ、汚いとこですが、上がって上がって」**

男子A　**「うわ！　ほんまに汚い部屋やなぁ！」**

FJ　**「なんや、失礼やな。まあええか……」**

男子B　**「床にミカンの皮落ちてるやん！」**

FJ　**「掃除がめんどくさいんで」**

と、男子はなかなか堂に入った絡みっぷりで、早くも笑いを誘っている。

ＦＪ　**「さあ、ジュースどうぞ。この空いたペットボトルは……、めんどくさいから燃えるゴミのゴミ箱に、ポーイ！」**

男子Ｂ　**「こらぁ！　逮捕しますよ！」**

ＦＪ　**「え〜！　急に何ですのん⁉」**

ついに環境破壊犯の顔を見せたＦＪに、エコパトロールの取締りの手が伸びる！

ＦＪと共に、環境破壊犯に扮する子、住処を追われた野生動物をやってみたい子、様々な子が即興でいろいろなシーンを演じて、なかなか盛り上がってきた。このプロセスで、それぞれの役どころが段々と決まっていく。そして、エコパトロールのグループ、環境破壊犯のグループ、動物のグループと、一緒にシーンをつくるグループが自然発生的にできてくる。後々、このグループ単位でシーン練習を重ねていくことになる。

だが、四、五人の女子が、ほとんど何もしていないのである。舞台に上がっても、端のほうでぼーっと突っ立っているだけで、交代の声がかかると、そのまま降りてしまう。

FJ　**「せっかくおうちに来ていただいたので、踊りましょう！」**

舞台では、FJがかまわず絶好調に、子どもたちと踊っている。

FJ　**「ダンシング！　レッツ、ダンシング！」**

さっきから「ほとんど何もしていない」女子たちが、教室の後ろの方からその様子を眺め、ボソッとつぶやいた。

女子A　**「(伏し目がちに) 声、大きいねん……」**

女子B　**「(伏し目がちに、ボソっと) うん、大げさやねんな……」**

メモを取りながら見ていたK本は、聞き耳を立てた。

女子C　**「これ、ほんまにやらなあかんのかな……」**

大半の子どもは、FJのキャラを早くも受け入れ、一緒に楽しんでいる。だが、思春期の入り口に差し掛かった、少し早熟な子どもたち、特に女子とは、確かにFJは相性が悪いのかもしれない。久々にコンビを組んだK本は、「何もしたくありません」オーラを全開にしている女子たちを目の端で追いながら、頭をグルグルと回転させた。

FJのリアクションや声がデカいのは、彼がプロの俳優だからであって、小さくする技術はもちろんもっている。しかし、そのキャラクターや声の大きさは彼の最大の持ち味であり、そこを取り除くと他の子どもたちには物足りなくなるだろうし、その女子たちの取組みが特段よくなるとも考えにくい。

FJ　「ダンシング！　ダンシング！　フィニーッシュ！」

舞台では、FJを中心とした一団が、華麗なるフィニッシュを決めた。ノンキそのものである。

K本　「はーい！　お疲れ様でした。では、だいたい皆さんの役の希望もわかったし、色々と楽しいシーンが出来たので、来週までに一冊の台本にまとめて、皆さんに配れるようにします！」

と、ここでちょうど、チャイムが鳴った。
教室を片付け、廊下に出ると、FJがしょんぼりと声をかけてきた。

FJ 「なんか……、すいません……」

さすがは歴戦の猛者である。ノンキに踊っていたばかりではなく、教室の様子はしっかりと把握していたのだ。彼も、かなりの危機感を感じたと見える。

K本 「FJさん、不必要にリアクションでかいねん!」

縮こまるFJに、標準的な上方風のツッコミを明るく入れたものの、K本は内心、相当困っていた。

◆

冒頭の、夜の薄暗い事務所のシーンに戻ろう。昼間の教室での出来事を思い出しながら、K本はパソコンに向かっているのである。この数分、ため息と独り言ばかりで、手はまるで動いていない。

実はK本には、とあるアイデアはあるのだ。ただ、それを台本に反映させるにあたり、ずっと逡巡しているのである。

K本 「ホンマに、それで上手くいくんやろか……？」

小さな声で、自分に問いかける。自分が試そうとしている方法を、何度も脳内でシミュレーションしてみる。そして、さらに一段低い声で、つぶやきを漏らした。

K本 「そんでホンマに、そんなやり方してええんやろか……？」

やり方が上手くいくかどうかだけではない。かりそめにも教室で子どもたちの教育に携わる身として、このアイデアは実行してもよいものなのか？

K本 「うん……。よし……。これで行こう……！」

腹は決まった。キーボードを叩く手が動き始める。脳内に渦巻いていたテキストを、打ち込んでいく。腹が決まって書き始めれば、後は早い。

◆

翌週。すでに数日前に台本は配られており、子どもたちはまだ覚えてはいないものの、一通り目は通している。グループに分かれ、上演順に黒板前の舞台に出て、台本を持ちながら立って読み合わせる。舞台稽古の「本読み」と「立ち稽古」の中間のようなやり方だ。グループ分けは、自然発生的な役柄やシーンの絡みによるものを軸に、CTが決める。

「何もしたくありませんオーラ女子四人組」は、二つのグループに分け、あえてFJ扮する「めんどくさ造」との絡みのシーンを用意した。まず、そのうち二人の出番が巡ってきた。

FJ　「スゲー！　このピザ、エビにイカに、ホタテまでのってる〜！」

大柄なFJが、まるで大人気ない調子で、たかがピザの具について大声ではしゃいでいる。

二人の女子は、お互いに顔をチラチラと見合わせながら、傍に突っ立っている。そのうちの一人がセリフを振られているので、いかにも仕方なしに、という様子でつぶやいた。

女子A 「声、大きいねん……」

教室が、ドッと沸いた。

言った本人が、一番驚いた様子で、目をパチクリさせている。

FJ 「え〜！ だって、シーフードピザなのに、サラミまでのってる〜‼」

女子B 「大げさやねん……」

さらに、受けた。確かに、FJのオーバーアクションと、力の抜けた二人のボソッとしたツッコミとの対比が絶妙なのである。K本も、みんなと一緒にアハハと笑った。他の子どもたちも見せ場をつくりながら、出番が終わった。ちょうど一時間目が終わったので、休み時間に入った。

これが、K本が逡巡し、決意して仕込んだ仕掛けだった。引いてしまっている子どもを「引いたまま活かす」台本。受けるには受けた。しかし、当たり前のことだが、受ければよいというものではない。

休み時間中、無邪気な男子数名が、FJにぶら下がっている。これも見慣れた

「あきちゃんは五年生、の役をやった事はあるのだが」

光景である。そんな騒ぎをよそに、四人組女子のうちの、まだ出番のこない二人が、K本のところにおずおずと寄ってきた。

女子C　「なあなあ、どうやったら上手くできるん……?」

もともと二人には、FJが「なんて美味しいピザ!　どうやって作ったんですか?」と言うのに対し、「冷凍食品です」、「レンジであっためただけです」と冷たく言い放つというセリフを振っていたのだが、不安げに尋ねてきた二人に、K本はピンときた。

K本　「ツッコミはボケより難しいからなぁ……。よし、今おもしろいこと思いついたで」

と、二人の台本に直接書き込む。

K本　「これでやってみて。思い切りやったらええから」

コクリと二人は頷き、離れていった。モチベーションが生まれつつある、とK本は手応えを感じていた。そして隙を見て、FJに「ここのセリフを、さらに大きめの声で」と指示を出した。
休み時間が終わり、次のグループの出番である。そして、件の二人の出番は程なくやってきた。

FJ　「なんて美味しいピザ！　どうやって作ったんですか？！」

女子C　「（それなりに大きな声で）だから声、大きいねん！」

女子D　「（ボソッと）あんたが声、大きくなってるやん……」

受けた。FJと女子、という対比だけでなく、女子と女子、しかも配られた台本にはないネタで、教室中がキャハハと笑った。

K本　「よしよし！　そのツッコミが本番でも入れられるように、よく練習しといてや！　じゃあ、みんなのグループが、一通り本読みできたから、グループに分かれて、シーンごとの練習をしてみよう！」

それぞれのグループが、立ち稽古を始めた。二人ずつに分かれた女子たちは、目立って積極的になった、ということでもない。どちらかというと、まだ消極的である。だが、「あれ？　演劇、あんまり悪くないかも……」という一種の戸惑いと楽しさが、ない混ぜになったような顔をして、どうにか一緒にやっている。

消極的な子、演劇に抵抗のある子、そんな子たちの心のバリアをどう取り除くか、それはこれまでもCTの腕の見せ所であった。今回初めて、「バリアを取り除かない。バリアの向こうまで、舞台の方を拡げる」という方法を採ってみたのである。

K本とFJは、体が一つしかないので、各グループを回りながら、セリフを合わせる。二人がいない時は、それぞれのグループの違う子や担任の先生が代役になって、それはそれで面白く練習を進めている。

チャイムが鳴って、挨拶をして二人が教室を出ようとする際、確かにあの子たちは、こう言っていた。

女子A　「大丈夫かな？　上手くいくかな？」

女子D　「頑張ろな！」

それを聞いた時、K本は今回の判断が吉と出た、と安心した。

ＦＪ　「K本さん、リアクションは、大きいまんまでいいんですね？」

帰り際、ＦＪがニヤリとして小声で確認してきた。

K本　「そらもう。派手にこってりお願いします」

K本も、ニヤリと返した。これで、やっと楽しい仕事になるだろう。本番が俄然、楽しみである。

（おわり）

一　ワークショップのデザイン

暗黙情報と形式情報

演劇のもっている「コミュニケーションにまつわる力」とは何か、と問われたら、その最たるものは「暗黙情報」に関することである、というのが私の考えです。「暗黙情報」は蓮行の造語ですが、「暗黙情報」とは何なのか？　ということを説明するには、対義語である「形式情報」から説明した方がわかりやすいでしょう。

「形式情報」とは、文字や数値、図表などで表すことのできる情報のことです。たとえば、携帯のメールで「リンゴを二つ買ってきて」とお願いしたとします。買うべき対象を「リンゴ」と明確に文字で表し、数量も「二つ」と数値で表しています。また、感情の表現として「好き」と送ったとします。これでメールを送った相手に対して、好意をもっていることが伝わります。このように「何をいくつ買えばいいのか」とか、「この人は好きと送ってきたから私のことが好きなのね」という情報の伝わり方を、文字で表せるということで「形式情報」と呼びます。さらに、たとえば「昨日より二倍大好き」という文章にしたとします。これは大好きという気持ちの増大ぶりを数値で表しています。このように、感情を表す言葉と数値を組み合わせて表すことができる情報も「形式情報」と呼んでいいでしょう。

「形式情報」で表せない情報のことを「暗黙情報」と呼びます。この、「暗黙情報」は先ほども書きましたように蓮行の造語ですが、元ネタがあり、二十世紀後半にマイケル・ポランニーという学者が言い出した「暗黙知」という言葉です。これは原語では、「tacit knowing：タシット・ノウイング」と表記されていますが、これを「知」や「知識」だけでなく、情報全般まで広げたのが「暗黙情報」という考え方です。

「場の空気を読む」などとよくいわれますが、「場」も「空気」も形がありませんし、まだそれを感知して測るセンサーも物差しもありません。図でも数値でも表せません。しかし「読む」ことができる、確かにそこに存在する情報があるとすれば、それは「暗黙情報」だといえます。雰囲気、何となくの嫌な感じ、ホッとする感じ、本人が意識レベルで認知できていない嫌悪感、こういったものは全て「暗黙情報」なのですが、「暗黙情報」は往々にして、「形式情報」を手がかりに伝えられます。どういうことかといいますと、たとえば、詩や小説といったものは、言語化できない何かの「情景」や「情念」を、作家の筆の力で表したものであり、「言葉」という形式情報を用いて、行間や「背景にある深いテーマ」という「暗黙情報」を感じさせるものです。

人と人とのやり取りの中で、暗黙情報と形式情報の比率を考えたとき、そもそも暗黙情報は測れませんから、本来なら比率など弾きだせるわけがないのですが、暗黙情報の方が、膨大にやり取りされているだろう、というところにあまり議論の余地はないと思います。貴族が文をしたためるときも、想いをロジカルに書くのではなく、短歌に込めていたわけです。さらに、花を一輪添えてみたり。テクノロジーが進めば進んだで、暗黙情報を添えるワザも合わせて発明され、「ゴメン！」とカタカナにビックリマークを付けるだけで「ごめん」という形式情報にプラスαの何か暗黙的な情報が含まれているのは明らかです。顔文字の「(_ _)」や「orz」なども、相手に対して謝罪の気持ちと不可分な友情や親近感を暗黙的に伝えているのです。

ですから、コミュニケーションをとるときには、「どのような言語を選択するか」とか「論理的な起承転結のある文章を書いて伝えるか」だけではなく、いかに本当に伝えるべきことを暗黙情報も含めてお届けするかが大切だ、というのが私の考えです。相手がどんな暗黙情報を持っていて、何を知りたがっているかを理解し、こちらからも適切な形式情報と暗黙情報の組合せで、アウトプットするということです。

演劇は、セリフという形式情報を道具として、実は登場人物同士が極めて複雑な暗黙情報を交換する様を鑑賞する芸術です。優秀な俳優は、セリフだけでなく、表情や体のこわばりといったものまで総動員して、人間が膨大な情報を発生させる様を再現します。

逆にいえば、普段はどうしても意識されにくい暗黙情報のやり取りについて再現したり、検証したりという作業が、演劇をつくるプロセスには初めから組み込まれています。この活動を小学生のうちから折に触れてやっていけば、話せばわかるとはかぎらないのだ、自分が当たり前と思っていたことが隣の席の誰それくんとは全く逆だった、という体験を重ねることができます。上演も、舞台上と客席の暗黙情報の応酬ですから、お客さんがウルっとくるシーンのつもりでつくったのに、笑っていた、あれはどうしてだろう？などの課題発見と、その解決のための思考や協議やトレーニングの機会になるのが、演劇なのです。

演劇と演劇ワークショップのもつ膨大な暗黙情報を、文字と数字と図表と写真という形式情報を通じて、何とか読者の方にお伝えしたい、というのがこの本の趣旨です。なので、論理的であることより、再現シナリオや、たとえ話や、横道にそれた話まで含めて、暗黙的に理解していただこうということを重視しています。そもそも無理なことをしているような気もしますが……。

打ち合わせシート

続いて、CTが現場に入る前に、担任の先生方との打ち合わせに使用する「打ち合わせシート」をご紹介します。「暗黙情報」の集積である演劇と演劇ワークショップについて、学級の安心・安全についての責任を担う担任の先生と、事前に少しでも情報共有するために「形式情報化」したものが、この「打ち合わせシート」です。

演劇で学ぼう！
「エコパトロール 221X in ○○小学校」
ワークショップ打ち合わせシート

■学校・児童について

対象	小学5年生3クラス ・1組:25名（男11・女14）　○○先生：CT：黒G・N田 ・2組:25名（男12・女13）　△△先生：CT：S藤・M岡 ・3組:24名（男11・女13）　□□先生：CT：K本・FJ
特徴	・1組：よくしゃべる児童がいる一方で、苦手な児童もいる。 女子は喜怒哀楽が激しい。男女の仲はよい。 ・2組:1組より静かできっちりしている。男女の仲はよい。 ・3組：男子は活発、元気。女子の中に少し大人びたグループがある。
勉強したことなど	・4年生のときに環境について勉強している ・今後の授業で地域の特産品を調べる予定（お米、竹の子、梨　など）
写真撮影	確認済み
先生の出演	OK

■講師

CT:3名　アシスタントCT:3名　制作:1名

■上演する芝居の内容

23世紀の未来からエコパトロールメンバーの4人が21世紀の現代へやってくる。そこで、子どもたちと協力しながら21世紀の環境破壊犯（電気の無駄遣いやゴミの分別をしない人びと）を見つけて、見事環境問題を解決。23世紀へ戻る。

■事前準備

名札の作成、クラスごとのテーマを決定（1組：大気汚染　2組：節電　3組：食料危機）

■台本送付先

dokokano-s@edu.city.dokokano.jp

■本番の流れ

オープニング（出演／CTのみ）エコパトロールが21世紀へむかう：5分

▼

1組大気汚染（出演／CT＋児童）約10分

2組節電（出演／CT＋児童）約10分

3組食糧危機（出演／CT＋児童）約10分

▼

エンディング（出演／CT＋児童全員人）：2～3分

日程・概要

＜1回目＞ 12月5日（月） 09:40～11:30 会場：体育館→各教室

09:00	学校入り
09:10	体育館移動～ OP リハ
09:40	挨拶 OP 芝居上演
09:47	CT 自己紹介 WS の目的を児童に伝える
	ー OP のお芝居の続きをつくる ー台本は自分たちでつくる ー WS の 4 回目に本番をする ー今日あらすじと配役を決める
	発声練習
10:00	教室に移動
	児童 自己紹介
	ー CT と児童の出会いの場 ー多くの児童に注目される中での自己紹介という緊張する状況で、各児童がどう振る舞うかを確認し、2 日目以降の芝居づくりでの各児童に対しての接し方を検討する
10:25	中休み
10:45	コミュニケーションゲーム
	ー児童の状態によってゲームを使い分ける ・緊張や照れが残っている、もしくは CT と打ち解けていない 例）「人間知恵の輪」「じゃんけん列車」など ・すでに芝居づくりに気持ちが向かっており芝居づくりの共通言語を持つことができる 例）「エコラジャー回し」「ナイフとフォーク」 など ・興奮状態にあり、落ち着かせ集中力を高める必要がある 例）「鏡」「立ち座り」など
11:05	台本づくり
	ー必ずキャストを決める
11:30	授業終了
	ー子どもたちの宿題 ・台本を読む（できればセリフを覚える）
11:40	CT 振り返り
	ー台本締切り日を確定 ※○月○日 ーネタがかぶることをふせぐためプロットを共有
12:20	解散

＜2回目＞12月12日（月） 09:40～11:30 会場：各教室

時間	内容
09:10	学校入り
09:40	各教室でWS開始
	ー頭から最後まで段取りをつける
11:30	授業終了
	ー子どもたちの宿題 ・学校もしくは児童が望んだ場合のみ小道具づくり ※お金を使わない、ゴミは少なく
11:40	CT振り返り
	ー各クラスの進捗状況を共有し、次回中間発表をするのか稽古をするのかを検討
12:20	解散

＜3回目＞12月16日（金） 09:40～11:30 会場：各教室

時間	内容
09:10	学校入り
09:40	各教室でWS開始
	ー通し稽古をしてランタイムを計る
11:30	授業終了
11:40	CT振り返り
	ー各クラスの進捗状況を共有し発表順を決める。 例）1組、2組、3組の順
12:20	解散

＜4回目＞12月19日（月） 08:45～11:30 会場：体育館

時間	内容
08:45	仕込み
09:05	3組きっかけ合わせ、ボリュームチェック
09:10	2組きっかけ合わせ、ボリュームチェック
09:15	1組きっかけ合わせ、ボリュームチェック
09:20	OP練習
09:25	ED練習
09:30	児童集合
09:35	エンディングの説明
09:41	1組リハ（場転込み13分）
09:54	2組リハ（場転込み13分）
10:07	3組リハ（場転込み13分）
10:20	エンディングリハ
10:25	休憩～客入れ
10:35	本番
11:20	振り返り
11:30	解散

動的情報と静的情報

先述した「暗黙情報と形式情報」という対立軸に加え、私は「動的情報と静的情報」という対立軸でも、情報というものを把握しています。これについても、「静的情報」の方が理解していただきやすいと思います。時間が経っても変化しない情報が「静的情報」です。

たとえば、教科書に書いてある文字や数式は、授業の前と後では変化がありませんから、「静的情報」です。手紙や、電子メールで送った文字情報も、自然にそれが書き換わることはありませんから、「静的情報」です。静的情報に対しては、一定の時間を使って、推敲や取捨選択しながら、情報処理を行うことができます。これを「静的情報処理」と呼んでいます。電子メールへの返信は、考えて、誤字脱字がないかを確認してから、行うことができます。

これに対し、不確定な情報、処理に即応性が求められる情報を「動的情報」と呼んでいます。この処理は「動的情報処理」です。

音声言語による会話は「動的情報処理」の最たるものです。書きかけの電子メールは、消すことが可能ですが、発してしまった音声言語は、削除が不可能です。ですから、ふとした拍子に「しまった！　口が滑った……」ということが起こります。

芸術表現のジャンルでも、映像は「静的情報」です。映画は朝見ても夜見ても、同じ映像が流れます。演劇は、全く同じ上演を再現することは不可能ですから、動的情報性の強い芸術といえます。マナーの悪い観客が携帯電話を客席で鳴らしてしまったり、俳優がミスしてセリフをトチッたり、様々な「動的情報処理」が俳優に求められます。停電で舞台照明が丸ごと点かなくなった、というトラブルの際に、「全編をロウソクで上演して、幻想的で素晴らしかった！」などという半ば伝説になっているような事例もあります。

算数の教科書に載っている例題は「静的情報」ですが、パッと当てられた子どもが正しく解答できるかどうか、これは「動的情報処理」です。さっとできる子どももいれば、正答を出すのが困難な子ども、そもそも問題に取り組めない子どもが、教室に共存しています。「ある一定期間で、教室の児童全員に、教科の内容を理解させよ」という静的情報としてのミッションが定められているわけですが、それを、実際に子どもたちを相手に達成できるかどうかは不確定であり、教師の力量で成果が分かれます。

教室で行う活動は、ある程度の静的情報としての「ねらい」などが定められてはいますが、子どもたちの反応がナマ物である限り、動的情報処理的であるといえます。そもそも教室が動的な場所であるところに、演劇が「動的情報的」な芸術ですから、その掛け合わせで、演劇ワークショップの活動は、極めて動的情報的なものとなります。当然、不確定要素が多く、リスクが高いのです。

打ち合わせシートの中では、「動的情報処理」が必要になりそうな場面のある程度の見立てと、それに対してどのような選択肢があるか、を明示しています。しかし、このように「形式情報化」して「静的情報化」したとしても、その想定とは違った事態がしょっちゅう発生するのは言うまでもありません。それでも、これまでの経験則などで想定できるケースを予め示しておくことは、一定のリスクマネジメントになります。

動的情報処理については、第六章でも取り上げます。

未知への挑戦

先ほど、映像芸術は静的情報的だが、演劇は動的情報的だ、と述べました。人間はロボットではないので、昼のステージと夜のステージを、完全に同じ上演を再現することはできないからです。ロボットではないので、などと書きましたが、平田さんが手がける「ロボット演劇」でも、ロボットはしょっちゅうフリーズして、劇中でこっそり再起動したりしています。その際に何食わぬ顔をしてアドリブでつないでいくのも、共演する（人間の）舞台俳優の「動的情報処理能力」のなせる技です。

そういう意味では、運動会や合唱、美術作品の制作なども、同じ「未知性」をもっています。とりわけ演劇は「子どもも、先生も、保護者も、触れたことがない人が圧倒的に多い」という意味で、強い「未知性」があります。

ましてや、私たちが手がける「演劇で学ぼう」シリーズは、そもそも台本がない状態からスタートします。本当に、やってみるまでどうなるかわからない、未知への挑戦です。

未知なものは、当然リスクが高いのですが、子どもたちは、これから大人になる過程でも、大人になってからも、大小様々な「未知なるもの」と遭遇し、格闘し、乗り越えていかなくてはなりません。未知にひるまず、むしろ未知を楽しむ、そんな大人になってもらうために、私たちは敢えて「未知」をワークショップデザインの根幹にすえています。

二　演劇ワークショップの果実

緩やかなパラダイムシフト

セミドキュメンタリーに出てきた女子四人のような、初動での取組みがよいとは言えないケースでは、先生方のエンパワーメントにより、多くの場合「上手く励まされ、意欲的に取り組む」または「結局乗り切れず、引いた態度のまま、仕方なく取り組む」という二つのパターンに収束すると思われます。しかし、今回のK本は、「引いた状態を、そのまま劇中に活かす」という形で、結果的に子どもたちの意欲を引き出しています。しかも、子どもは意欲を持ちながら「引いたキャラクターを演じる」という複雑な体験をすることになりました。この「引いたまま活躍できる」という状態は演劇に特有のもので、「意欲的に取り組む　vs　醒めて／恥ずかしがって、意欲的に取り組まない」という二項対立に対し、第三の状態を出現させ、いうならば教室に「緩やかなパラダイムシフト」をもたらします。これに類する状態としては、「上手にウソをつくと褒められる」、「悪役は、態度が悪いほど評価される」、などがあります。過去の演劇ワークショップでは「悪魔小学校」という設定があり、床に寝そべったり無駄なおしゃべりをしていたりする子どもほど「極悪非道で素晴らしい役づくりだ！」と褒められていました。そうやって褒められると、急に行儀がよくなったりするのですが……。

私たちは、この「緩やかさ」を極めて重視しています。理由は二つあります。

一つめは、私たちCTは、年にほんの数時間だけ現れた異邦人である、ということです。確かに私たちは、演劇やゲームなどの特殊技能を用いて子どもたちを楽しませる能力には長けています。しかし、学校は「日常生活」を営む場であり、先生が様々な工夫で学級経営を維持されています。私たちが去った後に、その「日常」が「破壊」されていてはいけません。あくまで「日常」にソフトランディングし、私たちが来る前より去った後の方が、学校生活が「少しだけ」豊かになり、子どもたちがじんわり成長している、そんな状態を目指しています。

二つめは、「緩やか」であることで、子どもの「成長」を促すということです。身体に過剰な負荷をかける、群唱（全員で同じセリフを一斉に言う）など一体感を得やすい演出を過剰に用いる、不必要に厳しく追い詰めた上で褒める、などの演技指導を行うと、そもそも演劇というのは演者の感性と身体を同時に強く揺さぶるという性質があるので、大人でもあっさりと「洗脳」されてしまいます（詐欺商法などは、多分に演劇的な要素が応用されています）。「洗脳」が、外からの「人格・価値観の書き換え」だとするならば、内からの「人格・価値観の変容」を「成長」と呼びます。演劇のもつ「劇薬」としての過激な影響力を封印して緩やかに作用させることで、「成長を促せる」と考えているわけです。

演劇という方法を抑制的に持ち込み、あくまで「緩やかなパラダイムシフト」を起こす。子どものよき思い出に残ることも嬉しいですが、演劇をやったことを、さっぱり忘れてしまってもいい、そう思っています。

「網・竿・銛のモード」の具体例として

「緩やか」に効果を発揮し、子どもたちの「内発的モチベーション」を喚起して「成長」を促すためには、それぞれの子どもたちの「現況」を受け止め、肯定する必要があります。そのための考え方・やり方が、第二章で取り上げた「網・竿・銛のモード」です。本章のセミドキュメンタリーでのK本の振る舞いや「打ち合わせシート」は、このモードに沿っています。

オープニングのデモンストレーション劇の上演から、コミュニケーションゲームへの流れが、網のモードです。この時点で八割方の子どもは、楽しく高い意欲で取り組めるようになっています。セミドキュメンタリーでスポットを当てた「思春期の入り口の女子四人」には、竿を投げるように「引いたツッコミを活かした台本」を渡しました。さらに、そのうちの二人には、銛のモードで「その場でセリフを書き換えて、渡す」ということをしています。

このように、CTは、自分たちのもつ有限の時間・体力といったリソース（資源）を効率よく配分すると共に、初めから盛り上がった子どもたちはその勢いのままに、乗り遅れた子どもたちも、その無理からぬ「乗れない気持ち」を肯定したまま、クラス全体のモチベーションを引き上げて取り組めるような流れをつくっています。

複目的主義

国語や算数だけでなく、図画工作や美術、音楽、体育、学校行事も含め、それぞれの子どもたちには好き嫌いや得手不得手があり、演劇も当然、好きな子どもや得意な子どもがいる一方で、やりたくない子どもや苦手な子どもがいて当然だと考えています。

ただし、セミドキュメンタリーに例示されたように、苦手な子どもも苦手なりに活躍できる余地があります。文章を書くのが好きな子どもが台本で活躍したり、手先の器用な子どもが小道具づくりに光るものを見せたり、さらにはそんなそれぞれの個性が有機的に作用しあったりして作品がつくられる、ということが体験できます。また、普段目立ちたがりの子どもが脇役の渋い喜びに気付くというようなこともあります。

ですので、演劇は全ての子どもに同じねらいや明確な目標を定めにくいのです。算数の知識理解ならば、「この単元では分数の足し算を理解する」といった共通のねらいが定めやすいのですが、演劇には、そこに参加する多様な人々が、各々に必要な「成長のためのエッセンス」を、それぞれに持ち帰ることができる、という特徴があります。ですので、私は、知識理解のように共通のねらいを定めてそこに向かっていくことを「単一目的主義」、演劇のように複数のねらいを広く設定することを「複目的主義」と呼んでいます。どちらがよい、ということではなく、演劇は単一目的主義とは相容れないのです。複目的主義に立てば、演劇ほど優秀な教材は、なかなか見当たりません。

逆にいえば、ねらいや期待される効果が広範囲で多様なため、既存の方法では評価が困難であるともいえます。この課題は、昨今の「新しい学力観に立った新しい評価方法の確立」の困難さと同じものであり、私たちもフロントランナーとして、研究に携わっています。そういう意味では、これからの学力観に合った、先行的な知見が演劇教育の現場から生まれてきているともいえます。

ですので、私たちは「とりあえず、演劇をやらないよりはやった方が、圧倒的に子どもたちにとって有益である」という大雑把かつ揺るぎない信念を持ちながら、教育学などの知見を用いて、第三者にも説得力ある「効果の提示」が出来るよう、努力しています。

本章でてきたゲームの紹介

◇エナジー回し

場所：教室
人数：五～四十名まで
必要なもの：特になし
ルール：円になってボールをパスするように、目に見えず、触れることもできないが確かに存在するエネルギーの固まり「エナジー」を回していく。
「エナジー」は、CTや先生が最初に「ハ！」「ヤァ！」「オリャ！」など（なんでも構わない）の掛け声とともに、手の中に出現させる。
そして、やはり掛け声と共に「ここからエネルギーが出ています」と、わかるような動きをつけて、隣の人にエナジーを渡す。
そして渡された人は必ず「渡した人と同じ掛け声」と「受け取る動き」と共にエナジーを受け取る。そして（前の人と同じでなくてよい）掛け声と動きとともに、次の人にエナジーを渡す。そのルールで、次々と隣の人にエナジーを渡していき、一周させる。
特徴：人数が多くても少なくてもできる。低学年でも楽しめる。スピーディな展開の中で、個々が個性を発揮できる。短時間で練度が上がっていくことが実感しやすい。
ねらい：相手から出てくる情報をしっかり受けとめる。しっかり受けとめた上で、自分のオリジナリティを加えて、次の人に情報を出す。それを、チーム全体で「スピーディ」にできるようにする。
工夫すべき点：「エネルギーを出す」ということよりも「受け取る」方に重点を置いて、「リアクション重視」

であることをしっかりアナウンスする。エナジーを出すのが恥ずかしかったり嫌だったりして小さい動きや声になったとしても、また逆に大きくなりすぎたとしても、個性として尊重する。「受け取る動き」がなかった場合はなるべくやり直すようにする。一人ひとりがエネルギーを自分でつくり出すのではなく、「最初の人が出したエネルギーを一周させる」というイメージを共有していくことが重要。

派生バージョン

・逆回し
エナジー回しを時計回りにしたり、逆回しにしたりする。

・自由回し
隣だけでなく、前でもどこでも、好きなところにエネルギーを回せるようにする。アイコンタクトなどで、「誰に出しているか」をしっかり表現する必要がある。

・熱エナジー、重力エナジー
熱いエナジーを回す。「熱つつ!」など、熱がりながら回す。重かったり、軽かったり、重さを感じながらエネルギーを回す。
※なるべく同じ温度や重さで回すようにする。

・フリーエナジー

匂いをつけたり、具体的に「赤ちゃん」、「爆弾」などにしたりして回していってもよい。

・挨拶やセリフ

エナジー回しが終わった後に、エナジーという抽象的なものから、「こんにちは」、「こんにちは」や、「ありがとう」、「どういたしまして」など具体的なセリフのやりとりにしてあげると、人の言葉（アクション）を受ける（リアクション）というのが実感をともなってできるようになる。「エコラジャー！」など、登場人物の決めセリフなどでもよい。

第五章

鼎談

ワークショップ的学びによるコミュニケーション教育

平田オリザ
苅宿俊文
蓮行

コミュニケーションの問題のとらえ方

蓮行　いま学校の先生が大変お忙しいと伺っています。頭のどこかでは「コミュニケーション教育」が子どもたちに必要だということ、やらなければならないということをわかっている先生もたくさんいるでしょうし、たとえ必要だと思っていなくても上からいろんなことが降ってきているとは感じているでしょう。しかし、どこかファイトが湧かない、内発的動機が見つからないというところまで疲れている先生もきっと多いと思うんですね。

　この本は、きっと比較的心身に余裕のある先生が手に取ると思うんですが、そういう先生を通じて、本を手に取れなくなっている先生もちょっと楽になるといいな、と考えています。新しいことをするけど、最初のステップさえ越えたらちょっと楽になって、新しいことに取り組んだり、ずっとやってきたことにもう一度取り組み直せたりするようなことにならないかなと思っているんですね。そのためには、理念的なところが大事じゃないかと。動機が喚起できて、それが教師としての使命感だけでなく、「そっちのほうが楽しそうで、楽そうだな」という気持ちになれるような理念的動機づけができないものかというのが私の考えている本章のテーマなんですけれど。それって苅宿先生が普段されている取組みとそれほど違わないですよね？

苅宿　そうですね。問題としては、学校の先生が何をしていいのかわからないというような現状と、「教師のやりがい」というものをどこに求めるのかということがあると思います。それと、今仰ったような「忙しさ」はなぜ生まれるのかというような話と合わせると、現場の先生たちには本当に大変だろうなと思いますね。

　ひとつ提案したいのですが、一言で学校といいますが、日本には小学校が約二万校で、中学校が

約一万校あるじゃないですか。だけど、たとえば教員採用試験でみると東京都では小学校の先生をここ数年、千人規模で採っているんです。同じ時期に秋田県では数人しか採っていないんですよ。もちろん、人口が集中しているということや過疎化が進んでいるという事実としては知っているんですけれども、それで秋田県と東京都を比べて、学校の問題をひとくくりにしていいのかどうかということがあると思うんです。だから「地域差」という観点を入れたほうが読む人たちにとっては納得感が増すかなと思いますけどね。

蓮行　地域差ということでは、首都圏と非首都圏ということで大きく二分できるんじゃないかと思っています。首都圏だけがあまりに特別な状態ですよね。

平田　そうですね。中高一貫校といったものも非常にたくさんあるし、全然状況が違いますからね。それと、自治体の大きさという軸もありますね。

私がお付き合いのあるのは、身動きがとりやすい小さい自治体が多いです。なかなか個別には対応できないので、首長さん、教育長さんが全面的に教育を変えるという自治体と一緒になって成功例をつくっていくしかないんですよね。そういう意味では小さい自治体の方がより可能性があると僕は思っています。

苅宿　教育行政ってそうですよね。最近は小さい自治体の方が裁量権もどんどん降りてきていますから。

平田　やる気になればできる。

苅宿　それは僕も同感ですね。一方でコミュニケーションの話でいうと、小さい自治体は小さいなりにコミュニケーションの問題を抱えているといえますし、大きいところは大きいところなりの問題を抱えています。全国の小学校の中には、いろいろな国籍の方や子どもたちがいるという小学校もたくさんあります。コミュニケーションの問題といっても多様ですよね。

蓮行　ある程度個別に考えつつ、共通するところはシェアしていく、ということなのでしょうか。

苅宿　私たちは多様な現状をよく知っているけれど、それを個々に語ると、個別の状況や関係性にどんどん巻き込まれてしまって全体としての可能性を潰していってしまいますので、今日はそれを少し横に置いて、それを蹴飛ばすような「いい話」をこれからできるといいですね。

蓮行　明るい未来に向けての「楽で楽しい」道筋を示せたらいい、ということでいいのかな。

教育改革とワークショップ

蓮行　お二人はワークショップ的な活動に長年取り組まれていると思いますが、最近「アクティブ・ラーニング」という言葉がでてきて、印象としては時代が追いついてきたという感じですか？　それとも積み上げてきたことが理解されて、各々がされてこられたことがつながり始めたという印象なんでしょうか？　はたまた着実に予定通りにここまできたなという印象なのでしょうか？

苅宿　前に平田さんがよく言っていた「『ワークショップって何ですか？』と聞かれることがなくなった」というのは僕も実感しています。ワークショップというものが、みなさんが知っているような一般の言葉になってきたという実感はすごくありますね。そのかわり、一般化すると必ず生まれる、その人がもっている当たり前の一部にどんどん吸収されて、本来の趣旨からずれていく、ということも感じますね。

平田　こういうものは着実に積み上げる段階と、何かによってワンステップ上がる段階があって、たとえば文部科学省の中で「コミュニケーション教育推進会議」というものができてワンステップ上がったり、アクティブ・ラーニングという言葉がでてきてまた上がったりということですね。やっぱりアクティブ・ラーニングという浸透しやすい言葉を誰かが見つけたんでしょうが、そこでバッと拡がりましたね。

それから、現在のことでいうとやっぱり決定打は大学入試改革。そこから逆算して変わらざるをえない状況になっています。これで地方の教育行政が危機感をもちつつあることは間違いないですね。

そういう大進化の間に積み上げる小進化みたいなものもあるんですが、やはり大進化のステップというのは、いくつかはあったと思いますね。

ただ一方でもちろん後退もあるわけで。たとえば大学入試改革でディスカッション型の入試をするって言ったそばから国立大学の文学部をなくすって言い始めて。すぐまた「あれはそういう意味じゃない」って話にもなりましたけど。あの話が出たとき、じゃあ誰が問題つくるんだよ？　って単純に思いましたよ。理系だけにしてもいいけど、その理系の学生の潜在能力を問うような試験を誰がつくるの？　という話です。完全に矛盾しないでしょう？　現状の理系の先生にはつくれないでしょう？　という話です。完全に矛盾した状態になっていて、要するにものすごく場当たり的な政策になっている。あるひとつの政策はとてもいいこともあって、それで急に進むこともあるんだけど、ほかのところで全く別の方向のものがあったりするんですね。

今、社会人相手のワークショップの要請がものすごく多いんです。それも政策投資銀行や司法研修所で現役の裁判官を相手に丸一日ワークショップするようなものです。世間では明らかに私たちがやっているような新しい教養教育のようなものが求められているにもかかわらず、今の大学の改革の路線では教養教育をなくして実学的なものだけにしろといいつつ、さらに入試はどっちかというと教養を問うようなものにするという、もう

「どっちなんだよ」という話ですよね。

まあでも、教育というのは多少のブレはありつつ揺れながら進んでいくものなので、それはそれで健全と言える。でもあんまりブレすぎるとよくないですね。適度な範囲だったらいいんですけど、いまの政権はあまりに思いつきでものを言う印象があるから、それはちょっと困ったものだなと思いますね。

苅宿 教育が困るのは、途中で人材育成をやめると人材が途切れちゃう。後になって戻しますといっても、戻せるものと戻せないものがありますよね。教育系学部をなくしますというようなことが、あいうふうに新聞にでるというのは非常にいろんな意味でインパクトがありますよ。つまり、「大学で教育を研究しても研究者になることができないんだ」となると、研究をしようとする人の対象から教育学部が外れるわけですよね。そうするとどんどん研究が少なくなってくる。少なくなるとエビデンス（科学的な証拠）が取れないから、ますますよそでやったものをそのままもってきて何とかしろ、というような話が盛んになる危険性はありますよね。

平田 シンガポールみたいな小さな国ではないので、資本をある場面にばっかり集中的に投下してもそんなに効率がよくなるわけじゃない。ある程度ぬるく、緩くしておかないと物事が進まない。

でもこれは、教育だけのことじゃなくて。たとえば文楽の予算を切っちゃったおかげで何が起こったかというと、文楽ができなくなっただけじゃなくて、伝統芸能の中で唯一世襲じゃないので、その研修生の応募がゼロになっちゃったことがあったんです。

蓮行 先がないと思っちゃったんですね。

平田 そう。そうすると根絶やしにするなんて本当に簡単なんですよ。「これは先がないジャンルだ」とレッテルを貼ればいい。同じように「教育は先がないジャンルだ」ってレッテルを貼れば、教育界そのものを根絶やしにできます（笑）。

苅宿　しかしそうした流れの中でも、学習指導要領が新しくなるということで今度は確実に汎用的能力の育成だとなってきたときに、今までワークショップなどでやってきたことが、はじめて学校の中にある積極的な意味をもって入れるチャンスであることは確かです。

二〇一四年の三月に文部科学省が汎用的能力に注目してその指針を出した。そこでは、「自立した人格をもつ個人が他者と協働して新しい価値を創造する力」ということが育てるべき汎用的能力の目的とされている。これまでのコミュニケーション教育やキャリア教育などで重視していたコミュニケーション能力も当然含まれますが、コミュニケーション能力を高めて何をするのかという目的が明示されていなかったがために、コミュニケーション能力を高めることが目的化されてきたきらいがある。しかし、今回の指針によって新しい価値を創造するためという目的がうまれたと言えます。これは情報社会という産業構造の中でこれまで以上に知的サービスなどが商品化されることを念頭に置いたものですが、そうした社会の変化を踏まえた指針が出た意味は大きいですね。

学校も変化してきた

蓮行　私の実践は十年ちょっとですけど、それより随分前からお二人は取り組んでいらっしゃって、今までいろんな人がかかわったり、教え子が大人になって何かアクションを起こしたりしているというような例があると思うんです。そこでお聞きしたいことが二つあって、一つはこれまで一種のゲリラ戦のようにやってきたことがどのように結実してきて今の大きな流れをつくってきたのか。

もう一つは、過去に教え子やかかわってきた人たちがどのように花開いたかということです。結実しつつあるのに基盤が揺らいでいるということは、今の先生方にかかる責任が相対的に大きくなると思うので、これまでに活躍してきた人の行動を紹介して、これからやってみようという先生を「こんな感じでこういうふうになってきたから、信じてやるとこうなるよ」というようにエンパワーメントしたいと思います。これは結構重要なエビデンスの一種だと思うんです。

苅宿　今まさに私たち青山学院大学と大阪大学が連携してやっている「ワークショップデザイナー育成プログラム」。あそこに来る教員の率が、すごく増えてきていることと、以前に修了した人の実践が全体の中でリードをしていることは確実ですね。東京の方では、そういう人たちの研究会を立ち上げる話を進めています。自画自賛になりますが、ワークショップデザイナー育成プログラムに来ていた教育系の人たちの中で、自分たちの授業の実践として試したことで確かな手応えを感じている人たちが、いま連携しようとしている、連携すべき時期になっている。連携するということは、学校で展開するワークショップについての考え方が、共有できてきたということを表すと思います。これがなければワークショップではないという部分とこれ以上のことは学校やクラスの状況に応じて変形可能なのだということなどが、共有化されたことだと思います。

平田　九十年代には「ワークショップって何?」って聞かれるだけではなく、やっている側もけっこう「あればワークショップじゃない」みたいな排他的なところがあった。しかも、これは日本の教育学の宿痾でもあるんだけれども、海外のある成功例をもってきて、それを個別のアーティストに当てはめるみたいなことも多かった。自分が見てきたイギリスのあるものとか、アメリカのあるものをあたかも普遍性があるように語るというようなところがどうしてもあって。僕とかは適当な人間だから「まあいいじゃないですか、これもワークショップで」と言ってたんですが。その後ある程度ワークショップというものが双方向型・参加型・体験型でやる活動の総称というふうに定着してきたと思うんです。で、いま苅宿さんがおっしゃったように、その第二世代というか、もうワークショップが自明のものとしてある世代が育ってきたという感じにはなってきたかなと思います。

でもやっぱり本丸のひとつは各大学の教育学部で、特にやっぱり日本はなんだかんだいって地方の国立大学の教育学部はまだまだ力があるので、そういうところできちんとカリキュラムの中にちょっとずつ入ってきつつある、という段階になっているかなと思いますね。

たとえばこれまで桜美林大学のような演劇系の学科のある大学では、演劇を教える人を育成するということはまったく考えてこなかった。俳優志望の学生たちが入ってきて、ヨーイドンで俳優を目指して四年間勉強して、「あ〜、なれなかったね、残念でした」というのが実態でした。それでもね、高度経済成長のときはよかった。社会が、その人材を吸収できたから。でも、もうそうはいかないですよね。それではじめて「リベラルアーツにおける演劇教育」ということで、桜美林大学では出口がいろいろあるような演劇教育を制度設計した。これは非常に効果があったし、もちろん教職に就く子は少ないんだけど、広い意味での演劇教育に携わる人間はたくさん出てきた。公共ホールでアウトリーチを担当するコーディネータになっている人間もいる。そういうのがここ十五年くらいで育ってきたかなということですね。

蓮行　そういう人たちはまだ希少価値で、いろいろチャンスもあるけれどその分負荷も高くなるというところですね。

平田　う〜ん。でも、九十年代の後半ぐらいに公共ホールでのワークショップブームというのがあったんだけど、そのとき僕は年間百五十コマくらいやっていたから。行政っていうのは実績のある人にしか頼まないから、実績だけが雪だるま状になっちゃって、数名の寡占状態だったんですよ。それに比べれば今はたくさん選択肢があるから。ワークショップのできる人もたくさんでてきた。蓮行さんのように関西にもいるしね。それはずいぶん状況が変わりました。

苅宿　蓮行さんは第二世代的な年齢になると思うんですけど、やろうと思ったきっかけにはどんなことがあったんですか？

蓮行　私は、もともと演劇ワークショップをやろうと思っていませんでした。学校演劇を小学校に売り込みに行ったんですね。やったことのないシェークスピアを企画書だけつくって。ビル・ゲイツ方式っていうんですけど、ないものを売りに行ったんです。そのときにたまたま、千葉大学の教育学部の藤川大祐先生という人がモデル授業をしにきていたんです。なぜかランチをご一緒することになって「君たちみたいな若いやつが学校公演を売りにきたって小学校は買わないよ」というようなことを言われたんです。関係ないのに。「鑑賞会はいいから、演劇で算数か何か教えてくださいよ。無理でしょ？」って言われたんです。「演劇で算数なんか教えられる訳ないだろ」と思いましたが、売り言葉に買い言葉で「そんなものすぐできますよ！」って言いました。もう二度と会うこともないだろうと思ったので。ところが、その場にいたにもかかわらずそのときはほぼ一言も喋らなかった、演劇鑑賞会担当の糸井登先生から「『演劇で算数』についての打ち合わせをさせてください」と、ものすごい早さでメールが届きまして。「やばい、本気にしてしまっている……」と青ざめましたが、もはや引っ込みがつかなくなってしまい、糸井先生、藤川先生、そして私の三者で「演劇で算数」に取り組むことになりました。そんな経緯でしたからそれまでは自分たちが演劇ワークショップをやるなんてことは一切思ってなかったですね。

苅宿 ワークショップというものの存在そのものはご存知だったんですか？

蓮行 今となっては知っていたのかどうか、ちょっと怪しいですね。当時は「演劇で算数」って名前で、やっていることは近かったですが、自分たちで「ワークショップ」とは呼んでいなかったので、「ワークショップって何？」と言っていた側の人間だったのかもしれません。

平田さんたちが公共ホールなどでワークショップの活動をされているというのは、情報としては知っていました。それで、平田さんが芸術監督をされているこまばアゴラ劇場で自分の劇団が上演するという形でお世話になるご縁があってですね。そのとき、せっかく「ワークショップ」という便利な言葉があって、これを使うと自分たちのやっていることを皆さんにちゃんと説明できるということで、自分たちのコンテンツとワークショップという言葉が一致したというところですね。

先生も一緒に学ぶ

蓮行 苅宿先生と平田先生の出会いですが、お互いにそういうことやっているなというのは知っていたのですか？ それとも、何かを参照されてお知りになったのでしょうか。

苅宿 僕は知っていました。

平田 僕の方は、当時勤めていた大阪大学のコミュニケーションデザイン・センターの外部評価委員から、他の大学の似たような機関と連携しろという評価があったんです。それで青山学院大学にそういうのがあるらしいから会いに行ってくれって、東京在住の僕が大学の上層部からいわれて、それでここで会ったんですよね。まさにここ（鼎談会場のこまばアゴラ劇場）で。

蓮行　そうなんですね。外部評価というのも、やっとくもんですね。

平田　僕、そういうの真に受けてきちんとやる方だから。大学からのミッションなんかも。

苅宿　僕は平田さんを知っていたんですけど、もともとは「教育」でずっとやっていたんで、演劇というのは本当に未知との遭遇でしたね。最初、どういうことなのかと思っていて。でも話を伺ううちに非常に共通点があるということがわかって、めちゃめちゃ面白かったです。

蓮行　僕が苅宿さんと会ったのは、平田さんから僕に「苅宿さんに会いに行け」って、「スパイ大作戦」みたいな二行くらいのメールがきて。「何もお聞きになっていないんですか？」というところから話が始まったという。京都芸術センターのカフェだったと記憶しています。

　僕らの世代が分水嶺ですかね。誰にも何も言われてないし教わってもないのに勝手に始めた人たちが同時多発的にいて、互いに「意外に近いことやってるな」と出会うような時代でしたね。

平田　その前はね、やらせてもらえなかった時期なんですよ。学校で授業をやろうとしても「教員免許をもってるんですか？」という時代があって。教員免許をもっていない人は学校にとっては危険で、「その授業を受けてもし子どもがトラウマとかになったらどうするんですか？」と。そういう時代がまずあった。

蓮行　僕らは、チャイムを押しても学校の中に入れてもらえなかった。「売り込みは結構です」と門前払いでした。

平田　チャイムといえば、違うチャイムの話だけど、いまはもう学校側から「チャイムは鳴らしますか？」と聞かれますけど、昔は「四十五分きっちり守ってください」って言われましたね。「休み時間を統一しないと子どもの集中が妨げられる」ということで。九十年代後半までのことですが。今は、学校自体が休み時間を教員の自由にする学校が増えましたから、学校もずいぶんフレキシブルになりましたね。

苅宿　あの時代はそうでしたね。八十年代ぐらいまでは、保護者に「もう学校に入学した限りは学校に任せてください。学校には教員という専門家がいて、学校という世界ですべてちゃんとやりますから」ということを当たり前のように言っていて、みなさん当たり前のように「じゃあ、学校にお預けします。お願いします」という時代でしたね。ところが学校が一生懸命やっている一生懸命さは昔と今と比べても変わらないし、もしかしたら量的には今のほうがやっていると思うんですけれど今は学校が教育サービスとしてとらえられ、「お預けします。お願いします」と言われなくなったときに、先生たちはその誠実さを一生懸命さとして表すために量的に過剰に積み上げてきたのが現状なのかもしれません。

またこの二十年くらいで、先生という存在の意味も変わってきた。どのように変わってきたかというと、子どもは教える対象だけではなく、学ぶ存在なのだということが社会で共有されてきたために、先生は子どもの学びを保証する存在としてとらえられるようになってきた。そう考えていた先生たちは「教えるだけの先生」という存在に疑問をもったわけです。教えることが大好きな人は、疑問はもたない。もちろん先生方は皆教えるのは好きですよ。だけど、教えるということはそもそも自分が大好きだから教えるんじゃなくて、子どもが変容するために教えるわけですよね。知らなかったことを知るとか、できなかったことができるようになるとか。で、そのときに先生が、自分じゃできないことをできる人というのが学校の外にいると気付いて、そういう人といろいろつながっていくということに意味を見出してきたんですよね。
九十年代のはじめの頃、僕は小学校の教員をやっていたんですけど、多摩美術大学の二部（夜間）の学部でも教えていました。そこの教え子たちが、今でいえばボランティアで僕の小学校に来てくれて、子どもと和気あいあいといろいろ楽しくやってくれていたんです。

蓮行　いい話ですね。新聞記事になるような（笑）。

苅宿　いい話ですよ。でもそのときは他の先生から「彼らは何なんですか?!」と聞かれたんです。まさに、教員免許をもっていない人が教えるということが学校教育で許されるんですか、ということですよね。それに対してどう応えていくのか。そのときはまだ総合学習っていう便利な言葉がなかったので、非常に困りましたね。だから、たぶんそのときに僕が強く感じたのは、まさにチャイムを押しても相手にされなかったということと同じですよね。あ、そうか先生が教えなきゃいけないということにこれだけこだわるんだ、っていう。

平田　それは、僕が言ってきた「先生が教えすぎる」というのと同根ですね。教師は教えている間はずっと安心なんです、基本的に。あとは正解を先生が抱えて当てさせる授業をしていれば安心。日本の教育は学びやすいように制度設計されているんじゃなくて、教師が教えやすいように設計されているんですね。でも、発展途上の国だったらそれでいいんですよ。一律に大量に知識や情報を教え込まないといけないから。この縦に細長い国で全国一律に大量の知識を効率よく教え込まないといけなかった時代には、その方がシステムとして機能したんです。ただし、その使命は、本当は七十年代くらいで終わったけど制度のアップデートが遅れちゃったってことですね。

蓮行　苅宿先生の話と平田さんの話が僕の中でつながったんですが、糸井先生が確かに我々を呼んで演劇で算数をやった後、職員会議になりました。誰なんだこいつらは、というような。

平田・苅宿　（笑）。

蓮行　日本で最後くらいですかね。発注して、職員会議になるというケースの。

平田　いえいえ、けっして最後じゃなくて、未だにそういうのは行われているの。相対的にすごく少なくなってはいるけど。

蓮行　本当に、すごかったですよ。袋叩きみたいになっていましたから。ただ糸井先生は、絶対に悪口を言わないんですよ。反論ものらりくらりしていて、「いや〜、はぁ〜、僕はね。ええ……」とか、とにかくふわっとしていて。しかも終わった後に「あいつらわかってないんですよ」とか言わないんですよね。「ちょっと蓮行さんびっくりされたと思いますけど、まあこんなもんですから」って。

平田・苅宿　（笑）

蓮行　とにかく人格というか、人徳が高すぎて。ああ立派な先生だなとひたすら思いましたけどね。自分たちが当時、とにかくケンカっ早かったので余計に。

苅宿　学校で「教える」ということは結果として「できる」という成果を求めてきたわけで、それをテストという「教えられたことをおぼえている」指標で測ってきたので、どうしても効率的に「できる」ようにしたいと考えると「教える」しかないんですね。しかし、この「教える」技術というのは、いろいろな専門的な知見で成立しているので、一概にダメな方法とも言えないんですよ。国際的に見て日本の教員の能力は高いと考えることに違和感はありません。教えなければならないことはあるけれども、子どもを主語にして考えたときに、子どもはいつ自分で考え、判断し、自分の意見を持っていけばよいのかという疑問にぶつかるんで

すよ。正解がある学習だけでは自分の考えや意見を持てないですから。正解を見つけるだけでなく、ジレンマや矛盾について深く考えていくことなどが不可欠だと考えます。そのときに教えられない学習があることに早く気づいていかなければいけないと感じています。

これから、汎用的能力を育てるといったときに、汎用的能力とは何か、絶対の答えはないですよね。先生も「全ての資質」を兼ね備えているわけじゃないですし。たとえば文科省は定義していますけど「コミュニケーション能力を」「ちゃんとできているか？」といったとき、毎日チェックされて、一つもミスがない人はいません。すると自分ができないことをどう教えるのか。そこで自分も参加する気持ちになれたらいいですよね。そして、外部の方と一緒にやるという選択肢を最後まで捨てないほうがいいですよね。次の学習指導要領で英語が中学年で外国語活動、高学年では教科になります。それを小学校の先生が教える。先生たちにすれば「知らないよ、そんなの。あとから出てきて……」と困ってしまいますよ。

先生には「発注力」が必要

平田　最近いろんな教育委員会に招かれて話すときに言うのが、これからの教員に要求される能力の一つは「発注力」だということです。外部の人に発注して授業をデザインする力です。外部の人をどのくらい授業や学級運営に組み込んでいくかが重要なんです。でもこんな話、十年前はありえなかったですよ。「発注力が大事」と言ってもみんなたぶんキョトンとしていたけど、今はけっこう受け入れますからね。

蓮行　それこそさっきの話のときですが、たまたま来ていた大学の先生と我々のような何をやっているのかわからない人間とでは、授業になるわけはないんですが、さっき「演劇で算数」の話にでてきた糸井先生という人がまさに当代きっての発注力の持ち主でしたね。日本最高クラスの発注力をたまたま持っていたから実現したんです。

平田　よく教育学部の学生たちにも言うんだけど、極端な話、別に先生自身がワークショップをできなくてもいいんです。小学校だったら、それはできたほうがいいけど、中学校、高校の先生はできなくてもいいから、それを発注する力があれば大丈夫なんだよという話をよくしています。

阪大のコミュニケーションデザイン・センターの授業で大学院生たちにとても評判がよかったものの一つに「学会のポスターをデザイナーに発注する授業」というものがあるんです。普通だったら描かせると思うんですよ、ポスターを。あるいはグループワークにする。だけどそうではなくて、こちらでデザイナーを一人連れてきて、学生たちに考えて発注させるんです。で、デザイナーに「わかんないなぁ」とか「それはどんなイメージですか？」とか言われながらやり取りするというのを授業にしたんですよ。これはすごく評判がよかった。ただ、現実はそうだから。ポスターをつくれっていったら絵の上手い子と下手な子に分かれちゃうんだけど、世の中は絵が下手でも発注できれば済むんで。

蓮行　逆に、行政なんかでは、自分でやってしまったがために大変なポスターをつくってしまうということがあとを絶ちませんよね。

平田　青年団（平田が主宰する劇団）の宣伝美術の者が、公共ホールなんかでどう発注するかというワークショップの実践もあります。だから美術の授業でもこれからは発注する力。自分で描かないという授業もあっていい。

苅宿　手を使って学ぶことはもちろんすごく大事なんだけれども、頭を使って学ぶことも大事なんですね。頭を使うというのは自分がこれしかできないっていうことを分かることが重要で、百メートルをどうやったって九秒九で走れるわけもないのに、一生懸命やっていますということじゃ困るわけで。

いま大事なのは、やりたい先生は潜在的にいるということです。発注力もないわけじゃない、やりたいという意思もある、でもきっかけがないという人が多いと思わないといけないかなと考えているんですね。だっていろいろな研修にいくと、「こういうのやってみたいです」という人はそんなに少なくないですよ。

平田　これは最初に話した都市と地方という問題にもなってきちゃうんだけど、今度は逆にある程度の規模だと、たとえば杉並区みたいにコーディネータを配置したりできるようになるんです。ヨーロッパだと劇場だとか美術館が大きな力を発揮してコーディネートするんですけど、日本でもそういう事例もでてきてはいるんですね、地域ごとには。だけどまだうまく回っていないし、面的な広がりにはなっていないですね。

「請われれば一差し舞える人物になれ」

蓮行　私たちが進めようとする新しい教育の動きに対して、あまりよろしくないと思っている人に、こんな世の中になりますよという、明るい未来像が提示できないでしょうか。ここまでの話が過去から現在だとして、ちょっと大胆な未来予想をしませんか。大学の文系の学部のお取り潰しはなかった未来を想定して、あるべきボリュームで我々のような外部の専門家が教育現場に発注されていくということもそれなりに全国でされて、なおかつ先生方も自力でワークショップに取り組む力が一定あるというように教育基盤が整備された場合、世の中はどんなふうになるのでしょう?

平田　たとえば三十年前、日本全国のすべての教室は子どもがまっすぐ前を向いて座っていたんですよ。いまたぶん四割ぐらいがコの字型になっていると思います。二十年後には島型になっているかもしれないですね。

蓮行　教室の形状も固定的じゃなくということですね。

平田　そういうことはありえるでしょうね、十分に。

苅宿　もうちょっと細部をいえば、先生の机が黒板側じゃなくて教室の後ろにある可能性はありますね。黒板というのは情報発信のメディアであり、権威の象徴だから全部黒板を軸に動くわけですよ。そうすると、若い先生は黒板から二メートル以上離れられない。でも、ベテランの先生は後ろまで行っている。いい授業をされている方は、たとえば後ろで教科書を読むと子どもたちは先生の声を背中で聞きながらじっくり教科書を見られる。背中から言われると気になって振り向くんだけど、もうそういう信頼関係ができていると振り向かない。そういうように先生の権威が分散的になっていくんじゃないかなと思いますね。

授業は、学校の先生が教える授業と、学校の先生がアドバイスする授業、さらには外の人と組むという三パターンがでてくるんじゃないでしょうか。この前、財務省が教員を四万人くらい減らすという試算を示したからどうなるかわかりませんけども。Team Teachingというのがもっとポピュラーになるんじゃないかなと思いますね。一部の市では低学年は全部Team Teachingで予算化しています。そうすると一人の先生がやるというのではなくて複数の先生のやりとりの中で授業が進む。いままでの、同じ先生が同じことを教えるというのではなくて、教える側と教わる側に先生たちが分かれて、「ここはもうちょっと説明してもらった方ができるんですけど」というようなことをつっこむとか、そういうようなやりとりで進む授業もありますからね。そういうのが増える可能性は十分あるかなと思います。

蓮行 いまコの字型ができてきていて、ちょっと経ったら島型になってきて、先生が後ろにいてですね、黒板の前がフリーになっているという。黒板が動くとか電子黒板とか、ハード面もいろいろあると思うんですけど。そこで学んだ、高校までを実質義務教育とした場合、それから大学入試改革というがあっての大学にはどんな子どもたちが集まって、どんな大学教育とか研究とかがされるんですかね？

そんな大学の未来予想があるから、大学入試を改革しようとか、そういうふうになるんですよね？

平田 単純な情報はネットで得られるようになるから、同じ空間を共有して共に学ぶことに意味があるもの以外は残らないはずなんですね、論理的には。本来はそうなるべきなんです。

苅宿　僕が大学の教員になった頃は、まだWordを教える授業だったんですよ。WordとExcelを教える授業があって。いまもないわけじゃないんですけど、キーボードにはじめて触れるようなことは、全くないですよね。そういうようにリテラシーとしてのコミュニケーションというものを一から教えることはたぶんなくなるでしょうね。形としては、大学のほうもいわゆるディスカッション型の授業は増えるでしょうし、もともとゼミはそういうように運営されているものがほとんどのはずなんで、それが広がっていくことになるでしょう。

平田　メンタリティとしてたとえば司法試験が象徴的なんだけど、膨大なものを覚えないといけないわけですよね。あれは科挙の思想です。これだけ努力してある種の知的作業を我慢できる人物、というふるいのかけ方なんだと思います。でもその必要はもうなくなるから。要するに検索の技術を教えたほうがよくて、記憶はほとんど外部装置に委ねられるようになってしまったので、そこだけならどう効率的に検索するかを覚えていればいい。単なる知識以外のものを教える必要がより増してくる。それがリテラシーあるいは教養。もう一つは、情報をどう他人と共有するのか。伝えたり伝わったりするということの方がたぶん相当重要になってくることは間違いないんですね。そのときに科挙以来の伝統である選抜制度みたいなものを変えられるかどうか。いま変えようとしているわけだけど、変えて大丈夫かどうかわからないですね。たとえば根性のないやつばっかりが残るかもしれないから。もちろん根性もみたい。でも根性は受験勉強でなくても、クラブ活動でもつくでしょう。だから、そこが変わるかどうかですよね。それは日本人のメンタリティの問題にもかかわってくるから。

蓮行　科挙は確かに日本人に間接的に非常に影響していますよね。あのやり方というのは。

ただ、この議論では、明るい未来を想像したいので、根性はクラブ活動で身につけるということにしましょう。学校に発注力を持った先生が増え、子どもたちがそこで学ぶと、想像力とコミュニケーション能力に、なおかつ根性も身につくんです。そんな若者が世の中にワーッと出ていったときには、どうなるのか、考えてみましょうよ。

私がそれを考える手がかりは、いま阪大のコミュニケーションデザイン・センターに授業を受けにきている大学院生ですね。「君ならメリルリンチとかに行けるだろう」というような経済学部の院生が、「いや、私は地域の、離島の農業が」って言って本当に就職しちゃったりするんです。聖路加病院にでも行けそうな医学部生にも、無医村に行きたいって言って、週末のワークショップの授業を受けに来る学生がいます。そういう学生が卒業の要件になっているわけでもないうちのセンターの授業をプラスアルファで取りにくるのを見ていると、二十年前の自分に爪の垢を煎じて飲ませてやりたいと心から思います。

そういうふうに非常に高い能力をもった人が、何かが足りないところに自分から飛び込んでいくというようなことになっていくと、別に移住を促進しなくても必要な過疎の地域には若い人が行き、医者がいないところには医者が行き、というようなことになるんじゃないかなと。

平田　うん。そうですね。哲学科の学生で、南相馬出身で大学院の博士課程にいる間に震災が起きて、大学に残るかどうかずっと迷っていて、結局いまはふるさとに戻って中学の社会科の教員をやりながら南相馬で哲学カフェをやっている人がいます。そういう人は今後、一定数増えてくると思います。今よくいわれることですけど、地方に分厚い中間層をつくっていかないといけない。あるいはマイルドヤンキーを底上げしていかないといけない。つまり自分で考えて自分で行動する人を増やしていかないといけない。

蓮行　全四十七都道府県に国立大学が政策で配置されたわけだから、そこが力を回復して、ということですよね。

平田　そうそう、もう一度その機能を。

苅宿　だから、大学の機能に、今我々がやっているような社会人を教えていくようなところがもっと広がると思うんですね。広がらざるをえないというか。そのときに、その現場の問題をどういうふうに解決していくのかということがでてくると、それは一人では何ともしようがない。そうすると、いろんなグループ、いろんなコミュニティをつくっていく力が必要になります。同時に、ある課題を解決するまでの限定的なコミュニティというものもあって、役目を終えたら解散して、またつくり直していくというような、本来のアソシエーションのような目的をもっているものがたくさんできあがっていくでしょう。しかもあるアソシエーションでは中軸になる人が、隣のアソシエーションであればサポート役になるというようなことも。

平田　それが大事なんです。

苅宿　そういうふうに、自分が常にリーダーではなく、リーダーとは何かを知っているとリーダーを助けることができるようになりますし、リーダーを助けることができる人はリーダーになれます。三番手ができる人は二番手ができるとか。だんだんそういう層が増えていくように、学べる場や機会を整えるべきでしょうね。

平田　ワークショップというのはまさにそういうものです。さっき根性さえも見なきゃいけないって言ったのは、イギリスのオックスフォード大学のある年の試験のことです。レゴで巨大な戦車をつくるという課題だったんだけど、これはただ単に計画性とか先見性とかタイムキープとかだけじゃなく、地道な作業を厭わないということも大事で、要するに全員がリーダーだったらできないんですよ。だから地道な作業をするやつもいなきゃいけないんだけど、そのときにただ単に地道な作業をしているだけじゃなくて、集団は必ずどこかで失敗するから、そのときにリーダーにちゃんと「これじゃだめなんじゃないか」と言うことができる。最近、フォロワーシップという言葉も使われるようになりましたが、リーダーが何か間違ったときにはその人がとって代われることが大事です。リーダーシップとフォロワーシップの両方が大事になりますよね。

阪大史上ただ一人の文系の総長だった鷲田清一さんが最後の卒業式の式辞で、梅棹忠夫先生の「請われれば一差し舞える人物になれ」という言葉を紹介されました。「舞う用意はしておきなさい」ということですね。おそらくそういうことだと思うんですよね。フォローしつつ、請われればリーダーシップを発揮する。

苅宿　たぶんそういうものを考えられるようになるためには、さまざまなコミュニティをつくっては壊し、つくっては壊しの経験が必要になりますよね。

ワークショップが自己目的化しないために

苅宿　それと、いまの僕の研究的な見地でいうと、「協調による概念変化」という考えが九十年代からありまして、かなり注目されてきています。

日本でも、科学の研究、たとえば中学校の理科で、日常の経験から得られたいわゆる素朴概念が科学的な概念に切り替わるのは、他者と一緒に活動していろいろなことを言われたり、自分が間違っていることに自分で気がついたり、人に教えながら気がついていったりといったような協調関係や、共同作業の中で起こるということがだいたい明らかになってきています。

同じように、ワークショップをする授業というもののもう一つの意味は、概念を変えていくことにあるのではないかと考えています。自分のよさに気がついていない子どもに、何か役割を与えていくことでその子ども自身がよい方に変わっていくというようなことを、エビデンスとして取っていくことが、次に私がやることかなと考えています。それを本格的にやっていこうといま準備をしているんですが、これがワークショップを学校でやることの意味になっていったらいいなと思うんですね。コミュニケーションが豊かになるということは、その先があるわけです。何のためにコミュニケーションが必要なのかということを子ども自身が考えられると、自分の思っている「当たり前」をちょっと疑える、俯瞰的なメタ認知の力を育てるときに、協働的な活動が非常に有効であるということを検証していきたいですね。

なぜ検証が必要かというと、汎用的能力というものの測り方が、このままではたとえばワークショップで何回発言しましたといったような、悪い形で単純化されてしまう可能性があるからです。

蓮行 そうなっちゃいますよね。

苅宿 誰がいい意見を言ったかとかね。誰がフォローしたかっていうことを、それをエビデンスとして取っちゃうことが一番危険だなと思っています。もちろん測り方としては、そういう方法を取らざるをえないんだけど、何のためにそれをやっているかという意識、ゴールイメージをお互いに共有しているというところを見ていかないと、ただそれをやればいいんですねという話になるのが危険ですよね。

蓮行 発言の数大会になっちゃいますね。

苅宿 とか、あるいは、思いやった数とかね。小学校で講師をたくさんしているんですが、ある学校で「思いやりのある子どもを育てたいですよね」

という話になって。「じゃあどうしているんですか？」と聞いたら、「毎日終わりの会で子どもたちに発言させて、どういう思いやりのある行為をしたか言わせるんです」と。「ああ、そうですか。拝見させてください」とお願いして見せてもらったら想像通りで、「僕は、誰々くんにこうしました」で、拍手。「私も誰々くんにこうしました」、拍手。で、結局、思いやられる子をつくりだしていくだけだったんですよね。もちろんいいことですよ。思いやりはなきゃいけないんだけど、思いやりがあるというこことをそういうふうに測ってしまうと、思いやられなくてもいい子に思いやられる役をやってもらわないといけなくなる。どんどんそうなっていくことに気がついていますか？ と。それが一番重要で、先生たちも悪気があるんじゃなくて、誠実にやっているその誠実さの純度というものが、「何のために」ということを見失わせてしまう。まあ、俯瞰して見る力が、先生にも必要なのかなと思いますね。

平田 それは本当にそうです。それは、いまでも、僕がワークショップのファシリテーターやデザイナーを育成するときに、最初の授業で注意する点です。僕はその状態を「ワークショップの自己目的化」と呼んできたんですけど。ワークショップをすること自体が目的化してしまうということですよね。それはもう日本人のメンタリティからいっても本当に避けて通れない。そういうのが好きなんだよね、きっと。

苅宿 だって「自分が嫌なことは人にしちゃいけないでしょう？」って教えるわけじゃないですか。そうしたら「私が思っていることはあなたも思っていること」ってなりますよね。「あなたが思っていることは、私も分かるよ。だって一緒なんでしょう？」という前提条件をずっとつくり続けるわけですよ。それがある一面で「おもてなし」につながって、微に入り細に入りの細かい気遣いになっていくというのは分かるんだけども、それがなぜうまれてきたのかということをいつ教えるのかを考えると、やっぱり学校が学校である役割を果たす上では早い時期に、「自分と他人は違うんだ」ということと「でも同じことを考えるときもあるんだ」ということを感じさせるような授業をすることが重要ですね。

平田 あと、先ほど仰っていた「分からない」ということとか「うまくできない」というところから発見するということも、非常に大きいですね。

僕はICU（国際基督教大学）に通っていたんですが、ICUの教養科目ってそういう授業がすごく多いんです。数学でも一学期間かけてユークリッド幾何学を最初からずっと解いていく授業とかがあるんですよ。教養科目だから文系も履修していて、文系の子の間違いから発見することってているんです、非常にたくさんある。「あぁ、こういうふうにわからないんだ」ということがわかる。理系の子だけ集めちゃうと何がわからないのかわからないから。

蓮行 紀元前からの知を一通りなぞるわけですからね。

平田 そうそう。ゼロからやる。論理学の教科書を一ページ目からやっていくと、今度は文系が有利な部分と理系が有利な部分があって、そこで相互に得意な部分が発揮されるからすごくいい授業になるんですよ。それが、大学の教養科目でも普通にできるんですよ。まあ、人数が多いとできないけど。ICUは教養科目一クラスが三〜四十人だったから。

苅宿 だから、一人でやらなくてもいいじゃんという（笑）。とにかく、できるやつと組めばいいんだっていう。

平田 それも発注力に近いから。

苅宿 そうそう。そのときの評価が、テストのときにカンニングするんじゃなくて、レポートを共同でつくらせるとか、どういうふうにお互いが教えあったかということをプレゼンさせるとか。それが必要ですよね。

平田　カンニングをアリにするっていう手もあるけどね。誰のテストをカンニングするか。日頃から友だちつくっとかないとだめっていう（笑）。宮沢章夫さんは、早稲田の演劇の授業で、「テストは持ち込み可。なんなら、平田オリザを連れてきてもいい」と言ったそうです。僕は定時制高校で、一クラスが十人くらいでした。男は五人。僕、試験のとき全員の答案書いたからね（笑）。

蓮行　もう時効ですかね。

平田　それを、その子の学力に合わせて書いてあげるんです。

苅宿・蓮行　お～！

平田　本当に高校にいけない子たちとかだから、全員が百点取ったらおかしいんで、「六十点くらいでいい？」とか言って。「今回は七十点くらいほしいんだけど」とか言われたりね（笑）。

そういう試験いいよね。百点取っちゃだめで、今回は七十点を取ってみようっていう。

苅宿　そうね（笑）。小学校の教員時代に、バグシステムという、間違えた答えを示して、何を間違えたか考えさせる授業をやったことがあるんですよ。たとえば低学年で「繰り上がり」と「繰り下がり」ってわかる子は簡単にわかるんだけど、それがわからない子だと、「三十三引く十八は？」ってやると、「ん？」ってなって答えが「二十五」ってなる。そこで、どこを間違えましたかって問うんですね。この場合、引き算だから大きい数から小さい数を引けばいいと考えて、八から三を引いて五を書いて、三から一を引いて二を書いてしまったということなんですが、それを考えるという授業なんですよ。これがめちゃめちゃ盛り上がるんです。盛り上がると、もう間違えている子が主人公で。間違えてくれないとそういう問題ができないから。「すごいな！」って間違えたやつがヒーローになれるんです。でも間違いを探すのってなんでみんなあんなに夢中になってやるんでしょうね。

蓮行　「正解などあるわけがない」ということが本能的にあるんですかね？

苅宿　正解は必ずどこかで受け取れるんだけど、間違いを探すというのはここしかできないというふうに考えるのかもしれないですよね。それで、ライブ感があっていいのかもしれないですね。

省察の時間をもつこと

蓮行　ちょっとここで、私なりに未来予想図をある程度簡潔にまとめます。

アクティブな学習、有効なコミュニケーション教育が機能すれば、まあ放っておいても、強い移住政策を用いなくても、必要なロケーションに必要な人がきっと自発的に出かけて行ってくれるでしょう。そして、そこではまさにその場で必要なある課題を解消するためのコミュニティが課題ごとにつくられるでしょう。そして、現地で解消できないことは「発注」がされる、というような形で、世の中のあちらとこちらの、大小の様々な課題が日々解消されていく社会になるでしょう。穏やかで明るい未来ですね。

ただ、そうしたときにもう一押しほしいと思うのは、やっぱり経済の効率を考えた場合に、まだどうしてもスケールメリットによる「選択と集中」というのが出てきちゃうんですね。結局元本が大きければ利率が少なくても利息の額は上がるというただそれだけのことなんですけど。それだと人口の大都市への過密っていうことが避けられなくて、経済だけだったらそれでいいんですけど、結局経済の論理と、特に農業とかっていう食料生産っていうのが一番矛盾するので、そこを何か突破できるような未来予想図が描けないかなと思ったりもしたんですけど。あまり学校の先生は、そこは気にしないですかね。

平田　そうですね。学校の先生はあまり気にしないでしょうけど、一応僕の専門に引きつけてアートマネジメントの視点から考えてみましょう。アートマネジメントはもともと経済学ですが、社会学のほうで「文化資本」という言葉があります。文化資本は大きく三つに分けられるといわれています。後天的に努力によって獲得できる学歴とか資格みたいな制度化された形態のもの。書画とか骨董のように財力によって獲得できる客体化された形態のもの。そして身体化された形態の文化資本。この身体化された形態の文化資本というのはだいたい二十歳くらいまでに形成されるといわれているんです。たとえば味覚なんかは、危険なものを察知するというのはすごく早くて六、七歳くらいでしょうか。よくいわれるようにファストフードのような刺激物ばっかり食べさせていると味蕾がつぶれちゃって細かな味の見分けができなくなる。あとたぶん音楽なんかももっと早いと思うんですけど。言語はもうちょっと遅くて二十歳くらいまで。それでも絶対音感があるのと同じように絶対言語感覚というのもあって。そこの接続詞を「だけど」を選ぶのか「しかし」を選ぶのかというのはありますよね？　そういうのは確実にあって、いまはそれが就職などにも直結しています。しかも現状では貧困の問題が相当クローズアップされてきて、所得と学校の成績が比例している。これは喫緊の問題として確かにあります。でもね、教育格差以上に文化格差（文化資本格差）のほうが問題だと僕は思っている。なぜなら文化格差は発見しにくいんです。学校にはみんなくるから「この子頭がいいのに家が貧しくて大学に行けないのは可哀想だな」ってみんな思う。だから奨学金制度をつくる。けれど文化は、親が美術館やコンサートに行かなかったら子どもは絶対に行かないからね。でもそのことはなかなか顕在化してこないんです。港区の小学校四年生はサントリーホールが招待するので、みんなコンサート聴けるんです。港区の子にそんなことすることねぇだろうって気はするんだけど。

苅宿・蓮行　（笑）。

平田　でもサントリーホールにはまったく悪気ないんですよね。地域貢献ですから。これは地域間格差と貧富の差の両方で、厳しい言い方をすると「田舎の貧しい人」は文化に触れられないという状態になってる。しかもそれで、この格差はスパイラル状に広がっていく。これが就職にも関係してくるし、あるいは町おこしのような外からお金をもってくることは観光に象徴されるようにセンスがないとだめなんで、そういうことを考えるときにも影響する。これは非常に決定的に経済とも結びつくんですね。で、この格差を広げると社会が不安定になることは間違いない。

なので、この問題への対策を僕は「文化の民主化」と呼んでいる。ある程度文化資本を民主化してどんな地域の子どもでも、どんなに貧しい家の子どもでも、少なくとも子ども時代は最低限の文化へのアクセス権を保障してスタートラインは一緒にしましょうよ、と。努力した人が報われる社会っていってもスタートラインが違うじゃないかというのが反アベノミクス派の主張なんだけど、反アベノミクス派の主張が弱いのは、経済のことしか言わないからなんだよ。

蓮行　そうするとね、ホームレスから大金持ちになった人とかが、「成功モデル」としてでてきますからね。

平田　これからは、経済だけじゃなくて文化資本の格差の方が問題なんですよということ。音楽や美術の教科の成り立ち、あるいは国語という教科の成り立ちは、明治以降ずっと強い国家、強い兵隊さんをつくるということで始まっていましたし、戦後は戦後復興、高度成長っていう、国のため、あるいは国を成長させるため、国を強くさせるための教科として位置づけられてきた。しかし、その役割はもう七十年代ぐらいで終わっている。それ以降の教育のミッションは、より自立した個をつくるということでしょう。

文化資本とは何かといったら、ある絵を見たときに、「この絵は五十億円で落札されました」って言われて「これ五十億円ですか、すごいですなぁ!」って言うんじゃなくて、「私はこの絵は好きだな」とか「私はこの絵は嫌いだな」とか、「確かに好きだっていう人は多いだろうけど、私は嫌いだな」って言えることです。自分で選べるっていうことなんですよ。いい絵とか、いい音とか、あるいはいい言葉っていうのも同じです。それは民主主義の基盤でもあるし、実はその方が最終的に経済に重層性をもたせて、社会も経済も安定させるのではないかと、僕は思っていますけどね。

蓮行 なるほど。それでその辺のことをよくわかっていない人たちが「古典的な経済の理屈」でバッサバッサと切っていっているわけですもんね。

苅宿 いまの話を僕の専門でいうと、やっぱり省察(振り返り)が大事なんですよ。やったことを詳細に振り返って考えながら、そこにさまざまな人とのかかわりがあったとか、ものとのかかわりがあったということを自分の中で吟味できるような時間をどこで取るかっていう。つまり、自分がこの絵が好きだなと思えるためには、自分が描いたことや、どうしてそういうふうに描きたくなったのかということを考えたり、味わったりするような時間が非常に重要だと思うんですね。味覚の話も出ていたけれども、学ぶことを味わっていく感覚っていうものが大事で、小さいときからその味わい方を多様に与えていくという。

だからさっきの概念変化というのは、協働的な活動の体験と、省察予想をしっかりするということなんですね。この二つがあると概念が変わってくると。つまり省察をするということはただ反省するということじゃなくて、自分がやったことについて意味づけていくということですね。自分がつくった絵をもう一回自分が見直して、これにどういうような名前をつけていくのかとか、そのときの気持ちをどのように考えていくのかとかいうようなことがすごく重要で。僕はそれを「プロセスの作品化」といって、プロセスというものをいかに作品にしていくのかということを、つまり自分のやった行為を言語化しながら人に伝えていくということを小学校のときからやっていくことが非常に重要だと考えています。小学生だけではなくて大学生にいままさにそれをやっているんですけど、何かを教えることではなくて、省察するということで自分が何かを見つけていく。そうすると最初数行しか感想を書かなかった子が、A4の紙の両面に感想を書くまでできるようになっていくわけです。それってやっぱり、目的を与えることもそうだけれども、そこで自分が味わっている感覚に価値があるということが提供できるからですよね。

だから、演劇もそうかもしれないけれども、たとえば美術や音楽のような、何かを味わうための素材というのは本当に小さいときから与えてほしいですし、自分がそれにどう意味づけるかというう時間的な保障も必要なのかなと思います。いまの学習指導要領でいえば、表現と鑑賞の一体化みたいなことをよくいうわけですよ。そのときに授業が終わった後五分でもいいから「黙って何がよかったか考えてみましょう」と、その時間を保障するということの積み上げが大事なのかなと思いますね。

だから僕はちょっと大変なお子さんを抱えているクラスの先生と一緒にクラスづくりをしたときに、授業の後たとえば「いまの時間四十五分何やったっけ？」ということを最後に必ず問うようにしてくださいと言ってきました。そのときに子どもがどれだけ言葉にできるかで授業が決まっていくんじゃないかということをやっているんですが、やっぱり子どもたちは「またその問いがくるんだ」っていうことが習慣化されると、そこですごく考えてるわけですよね。考えることが、教えてもらったこと、知識を得たことだけじゃなくて、自分がそのときにどう思っていたかとか、それについて自分がどう意味づけていくかということに広がっていくと、「これが五十億円で素晴らしい」という人もいれば、もちろんそういう人がいても僕は全然構わないと思うんだけれども、「自分はこれが素晴らしいと思う」っていう人もいるというようになってくる。それにはやはり、学習の学びのプロセスを作品化していくということを小さいときからの考え方として育てることが大事です。

そのときに、最初に言ったように教えることが好きだと、その時間を奪っちゃうんですよ。つまり五分でも三分でもいいから教室がシーンとなっていて、「あ〜そうね、そういやぁそんなこと面白かったかもしれねぇな」みたいなことを考える空間に自分がいるということをお互いに確認し合うということがすごく大切だと思います。

別の研究では、瞑想というのが、非常に教育的に意味があるということでアメリカなんかでは注目されていて、ハーバード大学とかに行くエリートの高校みたいなところで瞑想を取り入れていますからね。

蓮行　アメリカは濃いですね、また。

苅宿　そこでやっていることもやはり省察をしていくということです。省察をするということについてはすごく、これから間違えずに先生たちに伝えていかなきゃいけないかなというふうに思っています。

蓮行　おっしゃっている省察は、まず「個」の作業なわけですね。

苅宿　そうです。

蓮行　それを発表し合うことが次に入ってもいいけど、まずは自分で。

苅宿　そうですね。自分のこととして考えて、それをお互いが違うと知る、「あ、なんだ、お前全然違うこと思ってたんだ」という経験をさせることが大事じゃないかと思っているんです。

蓮行　学校の先生が一番省察する時間がないような中で生きてますからね。

苅宿　そうねぇ。

蓮行　ということはやはりもうちょっと学校の先生に楽に暇になっていただかないと、その辺の質が上がらないということですね。

平田　そう。それはそうなんですよ。だから別に演劇でも音楽でも美術でもいいから、本当にほかの趣味もちゃんともってもらって、そういう時間をとってもらうのが、実は一番抜本的なことなんだよね。

蓮行　見てきたら発注したくなりますもんね。

平田・苅宿　（笑）。

蓮行　この人はいまいちだし、やめておこうとかいうことにもなりますね。

（平成二十七年六月十五日　こまばアゴラ劇場にて）

苅宿俊文（かりやどとしぶみ）
青山学院大学社会情報学部教授。Ph．D．（Ed）。ワークショップに代表される協働的な学習を実践的に研究している。専門領域は、学習コミュニティデザイン論、学習環境デザイン論、教育工学。開発したリアルコミュニケーションツール「Vitamin Happyビタハピ」はグッドデザイン賞、「青山学院大学社会情報学部ワークショップデザイナー育成プログラム」はHRアワード二〇一四プロフェッショナル教育・研修部門最優秀賞受賞、グッドデザイン賞未来づくりデザイン賞受賞。著書には「ワークショップと学び」（編）［全三巻］（東京大学出版会）など多数。

第六章

教師も伸ばしてしまう演劇の力

蓮行

世の中でも最も忙しい部類に入る学校の先生が、世の中で最もヒマな仕事にカテゴライズされるであろう演劇人の研修を受けさせられるという、少々理不尽なセミドキュメンタリーです。最終章は、畏れながら「教師論・教育論」です。

半戯曲セミドキュメンタリー小説

「この街に、演劇ワークショップ未体験の若手の先生は、いない……！」

ある夏の日、I市野外活動センターの集会室に、ジャージの男女が五十人ほど集まっている。集会室といっても、丸太を使った六角形の建物で、床こそフローリングだが、天井も木がむき出しで、冷房もない大部屋である。そこに、R行、M岡、そしてS藤が招き入れられた。

この五十人は誰なのかといえば、I市に今年度採用された小中学校教員である。毎年夏に宿泊型の初任者研修が行われていて、その一コマ三時間は「演劇ワークショップ」を体験することが恒例となっている。主任講師はR行で、今年で五年目になる。つまり、人口三十万人弱、小中学校合わせて五十校ほどのI市では、「演劇ワークショップの研修を受けていない着任五年未満の先生は存在しない」ということである(あと三十五年ほど続けば、全員ということになる)。演劇ワークショップは初任者研修の最後のプログラムで、少し疲労の色は見えるものの、ゴールが見えているせいか若さゆえか、皆なかなか元気な様子で始まった。

R行の「不親切グラフ」の講釈でまず全員が苦笑・冷笑した後、お決まりの「古代ギリシャの直接民主制と市民演劇祭の話」からの「歩く&止まるゲーム」、その流れで全員が輪になっての発声練習「R行流発声術」と、教員研修では定番となっている序盤のプログラムがつつがなく進められた。そこから、女性CTとして帯同しているM岡が「エナジー回し」で相当盛り上げた。よい流れで後半に突入という場面で、男性CTとして帯同してきたS藤の担当タイムである。
ちなみに、学校現場に派遣される場合も、こうした大人向けの研修の場合も、事情が許す限りは、CTは男女の組合せになるように段取りする。発声練習では、ボディタッチなどもしなくてはならないからである。
S藤は、R行から行きの車の中で与えられたミッションを反芻する。

R行　「あーS藤さんは、途中で何かコミュニケーションゲームやって」

S藤　「あ、はい」

事前の打ち合わせはこれだけだった。身内にはいっそう不親切なのである。反芻する必要がなかった。
こんなことを思ってはいけないのだろうが、M岡が「エナジー回し」を非常に上手く仕切り、えらく盛り上げたことにS藤は少々困っていた。「ややウケ」くらいだったらよかったのだが、これでかなりハードルが上がってしまった。いや、どちらがよりウケたかが重要というものでもないが、キャリアにして十年先輩としては、後輩の後塵を拝したとなれば沽券にかかわる。静かに意を決して、S藤が先生たちの前に、ゆらりと立った。

S藤　「どうも〜、改めまして〜、S藤です〜」

胡散臭いR行とも、チャキッとしたM岡とも違う、独特のユルい無気力さが特徴のS藤は、「M岡には負けん」という闘志を微塵も感じさせず、関西弁でも標準語でもない不可思議なイントネーションで自己紹介した。

S藤　「では続きましては私が担当させていただきまして〜、タルエダゲームというのを、やらしていただきます〜」

え？　何ゲーム？　という怪訝な空気を柳に風で受け流し、ユルいながらもスピーディにS藤は仕切っていく。

S藤　「では三チームに分けますので〜、はいその赤いジャージの先生まで、この一かたまりで一チーム、それでそちらの半パンの先生まで、それで二チーム目、残りが三チーム目ということで、では一チーム目の皆さん前へ、他の皆さんはちょっと下がって座ってください〜」

先生方も不親切な進行に慣れてきているので、とりあえず言われたようにキビキビ動く。S藤に促されるまま、一チームが横一列に並んで、残りの二チームは体操座りでそれを見上げている。

S藤　**「今から、ヨーイドン！　で走り出します。あー、その場で。まあ走るマネですね。すると向こうから、樽が転がって来たり、枝が張り出したりしますので、飛び越えたり、しゃがんだりしてかわしながら、ゴールまで走ります。では、ヨーイドン！」**

え？　何？　どういうこと？　と「？」が飛びまくるが、とりあえず皆さんがその場で駆け足を始める。

S藤　**「樽！」**

カンのよい先生が、ピョンっと飛び上がる。やっている本人たちが、ああ、そういうことか！　とピョンピョンと飛び跳ね、転がってきた（想像の）樽を飛び越える。見ている方は、すぐにルールが理解できたようだ。

S藤　**「枝！」**

もう、全員がほぼ同じタイミングで、かがんで枝を避けた。ルールはいよいよ共有できたと判断したS藤が、さらに加速する。

S藤　「樽！　枝！　樽！」

跳ねて、しゃがんで、跳ねて、障害物をかわしていく。

S藤　「樽三連発！　さらに、大きな樽！」

皆さん、少しくたびれてきているものの、三回飛んで、最後は大きくジャンプしてかわす。ただし、一人だけ最後の大きな樽をパンチで壊していた。もちろん、それで全く問題ない。

S藤　「枝！　樽！　ああ、ハードルが三つ置いてある！」

体育の先生っぽい人が一人、見事なフォームで三つのハードルを超えたが、他の皆さんは、樽を飛び越えるのとあまり変わらない。

S藤　「そして大きな池だ！」

さぶーんと飛び込み、クロールと平泳ぎが半々くらい。一人だけ水面の上を聖者のように歩いているが、大きな樽をパンチで壊した先生である。どうも省力化に努めていらっしゃるらしい。

S藤　「池から上がると、なぜか教頭先生が！」

これには、皆さん立ち止まってしっかりと挨拶している。学校というのも案外タテ社会なのか、それとも皆さんが一年目の新人だからだろうか。

S藤　「はい、ゴール！」

全員、肩でハアハア息をしている。その場で駆け足して跳ねてしゃがんだだけなので、要は一センチも移動してはいないのだが。運動量の割に、省スペースでできるのが、この「樽枝ゲーム」の特徴である。

二つめのチームは、樽と枝はそこそこに、爆弾やバナナの皮やトゲトゲの床など、様々な障害物に翻弄されながらゴールした。三チーム目が、ゾロゾロと前に出てくると、ニタニタ見ていたR行が手を挙げた。

R行　**「ちょっと、わしにも樽とか枝とか言わして」**

何やら、少年野球を見ていたヒマなおじさんが「わしにも打たせて」と言い出したかのように、R行が強引に参加表明する。

S藤　**「おお！　やってください。では次は僕も走ります！」**

R行　**「では行きますよ！　スタート！　樽！　枝！　樽！　樽！」**

R行は、自分はやらない気楽さから、相当なスピードで樽！　枝！　と連呼している。

R行　**「ああっ！　向こうから大量のハムスターの群れが〜！」**

一同が思わず床にしゃがみ、ハムスターを手に乗せてなでてみたり、頬ずりしてモフモフ感を楽しんだりしている。

R行　**「えー、先生も言ってみたいでしょ。どうぞ」**

R行は、急に飽きたのか、一番前で座って見ていた男性の先生に突然バトンタッチした。

先生A　**「ええっ！　えーっと、バスケのゴールが！」**

いきなりにしては、相当センスがよい。言われた側は思い思いにドリブルして、レイアップシュートやダンクシュートを決めている。

R行　**「あはは！　いいですねぇ！　あ、今度は頑固そうな寿司職人が、カウンターに美味しそうなお寿司を並べた！」**

もうほとんど訳がわからないが、皆が思い思いに寿司を口に運んでいる。ほとんどがハシを使っていない。なかなか皆さん粋である。あまりカウンターで寿司を食べたことがないのか、S藤はハシで食べていた。

R行　**「はい、樽、枝、樽、ゴール！！」**

「この街に、演劇ワークショップ未体験の若手の先生は、いない……!」

皆がテープを万歳で切る「グリコ」のポーズでゴールすると、観衆からは（なぜか）拍手が起こった。S藤は共に走り抜いた仲間たちと、握手したりハイタッチしたりしている。その笑顔には「M岡と互角かそれ以上に盛り上げた」という満足感が漂っていた。

M岡とS藤の主導したゲームが終わったので、R行が解説を加える。この解説がないと、ただのレクリエーションの会になってしまう。

R行　**「まず、『エナジー回し』について解説します。これは『ハッ！』という音声しか発しませんから、言語的なコミュニケーションではなく、非言語型コミュニケーションということができます。アイコンタクトや、ボディアクションを駆使しないと、正確にスピーディに『エナジーボール』を受け渡しすることができません」**

S藤が、R行の斜め後ろから先生方の様子を見ていると、体操座りで皆ふむふむと聞いている。後ろの方で見学している市教委から来た「背広組」（とR行は呼んでいる）の中には、メモを取っている人もいる。

R行　**「『エナジー回し』で、何度もCTが指摘していたのは、『前の人のエナジーをしっかり受け止めて！』ということです。うまく話すとか伝えるとか、とかくアウトプットに注意が行きが**

ちですが、コミュニケーションはまず相手の発することを『受け止める』ことができなければ、上手くいかないんです。このゲームは、実はインプットの大切さを暗黙のうちに理解できるようデザインされています。これがよくいわれる『聞く力』や『傾聴力』に繋がります」

このように大人数の大人を前に、解説を加えるのはR行が担当することが多い。しかし、学校現場などで、そっと担任の先生が「このゲーム、何がねらいなんですか?」と質問してきたり、打ち合わせのときに「なぜこのタイミングでこのゲームを?」と問われたりしたら、各担当のCTがしっかりと解説しなくてはならない。S藤も、現場が小学校であろうが老人ホームであろうが、常に丁寧かつ簡潔な説明ができるよう、準備している。

R行

「『樽枝ゲーム』は、雨で運動場なんかが使えないときにも、かなり楽しく汗をかけると思うんですが、運動の苦手な子でも、色々とアクロバティックなことができます。五メートル跳躍したり、馬に乗ったり、何だってできるんですから。まあ、四十五分はもちませんけど」

確かに、二巡くらいまでは楽しくできるだろうが、それ以上は飽きてしまうだろう。体力的にももたない。少なくとも、大人は。

「この街に、演劇ワークショップ未体験の若手の先生は、いない……!」

R行

「しかし、実をいうと、この『樽枝ゲーム』も、しっかりしたインプットを前提として、アウトプットする、という基本は同じです。そして、同じお題でも、受け手によって、想起されるイメージが大きく違います。『栗がたくさん落ちてる！』と言われて、イガイガを踏んで痛い、というアクションをする人もいれば、拾って背中のカゴに入れようという人もいます。この違いを、見る側がゲラゲラ笑って楽しめるわけですね」

そういえば、とS藤はさっき大きな樽にパンチし、水面を歩いていた先生を目で探してみた。なぜか正座して話を聞いている。

R行

「情報を正確に聞いてインプットし、判断して、即興的に身体表現する。しかも、感じ方や表現の多様性を、直感的に理解できる。実は、多様な要素の詰まったゲームだったんです。体力もすごく使いますしね。では、次はそんなに体力は使わないゲームをやりましょう。『何々と言えばゲーム』です」

R行の仕切りで、「何々と言えばゲーム」が始まった。これは、司会者が発する「何々と言えば？」という問いに対する、同じ答えをもった人を探して集まるゲームである。「好きな果物」や「一番行ってみたい国」などを経て、最後のお題はこれだった。

R行　「皆さん一人ひとりの、誕生日の星占いの星座と言えば?」

五十人でこのゲームをやると、相当大きな声を出さなくてはならず、実はなかなか体力も使う。頭に角を立てて「私は牡牛座」だとアピールする人、両手ともチョキにして蟹座をアピールする人、色々と工夫しながら、どうにか十二の星座に分かれることができた。最少のチームが二人、最大人数のチームは八人となった。M岡は蠍座のチームに、S藤は獅子座のチームに入った。

星座ごとに分かれてしゃがむと、R行がおずおずと、小道具を出した。いかにもパーティグッズというチープなつくりの月桂樹の冠を、頭に装着した。

R行　「オリュンポスへ、ようこそ」

もう、誰も突っ込まない。

R行　「本日は、オリュンポスで最高の美を誇る女神、ヴィーナスを連れて来ております。こちらです」

スーツ姿で、折に触れては記録用の写真を撮っていた市教委の職員の女性が、目をまん丸くしている。怯むR行ではない。否も応もなく、用意した椅子に座らせてしまった。

R行　「ヴィーナスは、何でも一番がお好きな方です。黄道十二星座の中で、最も高貴な星座は何か、と気にされておいでです。皆さんは、星空を彩る星座の代表として、自分たちがいかに高貴かを二分以内でアピールしてください。十分の準備時間を差し上げますので、どうぞ！」

異論を挟む者は誰もいない。さっそくスマートフォンで星座の由来を調べるチームもあれば、屋外で練習を始めるチームもある。たった一人、事態が飲み込めない、という顔をして座っているヴィーナスに、R行がささやく。

R行　「ヴィーナスの独断で選んでくださいね。ノー打ち合わせでいきますよ」

職員　「はい……」

どの星座が一番高貴か……。そんな絶対的な基準は、もちろん存在しない。そのあやふやな基準を元に、限られた時間で、複数の人間が一本のプレゼンをつくらなくてはならない。異なる価値観をもった者同士が、限られた時間の中で合意を形成し、何か一つのアウトプットを出現させる。これは現代社会で、あらゆる人に要求される能力であり、この「黄道十二星座選手権」は、格好のトレーニングになる。

子どもたちにも、やってほしいゲームではあるが、それより何より、教師集団が「チーム」としての機能を高めるためのトレーニングだという認識の下、教員研修でこのゲームは実施されている。

S藤　「十分しかありませんから、七分くらいでつくってしまって、ちゃんと二分計ってリハーサルしましょう。最後の一分で修正するってことで」

S藤は、自分が研修プログラムの提供側であることなど全く忘れて、遠慮なく仕切りにかかっている。ここにいる若い先生たちは、これからの長い教師人生の中で、演劇人などの「異邦人」を受け入れるソケットとならなければならない人材たちである。異邦人とのかかわりは、最初はもちろん大変だが、うまく機能すれば「学校教育を豊かにし、結果的に教師の負担を減らす」ことにつながる。失敗が許される研修の場で、異邦人とのかかわりに慣れてもらわなくてはならない。

先生B　「台本、どうするんですか？」

S藤　「書いて覚えて、って時間もないので、今からまず即興でやってみて、流れをメモっていきましょうか」

先生B　「なるほど！　わかりました！」

先生C　「（首にかけていたタオルを手に持って）私のこのオレンジ色のタオル、どう見てもタテガミですよね？」

S藤　「うわ！　ホントだ！」

先生D　「じゃあ、このタテガミは隠しといて、最後の最後で出てきて、ってオチでどうです？」

S藤　「よし！　オチはできましたね！　じゃあそこまでの流れを……」

S藤も獅子座チームの先生たちも、断然勝ちにいっている。特に、M岡のいる「蠍座」チームに負けるということだけは許されない……。

（おわり）

一　教師の仕事

ある演劇人の「教師論」

私がもし学校の先生だったら、演劇人に「教師論」を語られるのは相当嫌だろうなぁと思います。「あんたみたいなお気楽そうな奴に、教師の何たるかがわかってたまるか！」と。

私は、決して謙遜ではなく、演劇人は「ヒマでお気楽のプロ」だと思っています。そんな下らないこと、よくやりますすね？　そんなことに気づくなんて、よほどのヒマ人ですね？　と面と向かって言われることも少なくありませんが、むしろ褒め言葉だと受け止めています。しかし、教育現場では「演劇のプロ」として、子どもを育てるという仕事の一端を担ってもいます。当然、「他のプロフェッションをもつ者」として間近で先生方を見てきてもいます。同時に、市民として公教育に物申す権利も、もっといえば義務も持っています。二人の子どもの親でもあります。ヒマ人として、教育にかかわる当事者として、観察者として、市民として、親として、教師論を語ります。

私は、今日の教育の使命は「よき大人を世に送り出す」ことだと考えています。「よき大人」の定義もシンプルです。「自己決定できる」と「他者の主権を尊重できる」の二つです。「どこでもどうにかして生きていく力をもっている」ことも不可欠だと思いますが、それだけでは「よき大人」とはいえないと思います。ですから、子どもが「どこでもどうにか生きていける力と、自己決定できて他者の主権を尊重できるマインド」を身につけられるなら、先生が適当でもサボって見えても堅物でも熱血でも、何でもいいと思います。そして、当然それは先生一人でというわけではなく、いろいろな人たちといろいろなかかわりを通して、達成されていけばよいと考えています。

ですから、「教師論」と銘打って書き出したものの、どうも「よき教師像」のようなものは、私は持っていないようです。

コミュニケーション環境のデザイン

私は今、大阪大学を本務校として、合計六つの大学で講義を受けもっています。基本的には、どこでもやっていることは同じで、学生の皆さんに演劇をつくってもらっています。最初に「不親切グラフ」理論を披露して、二コマほどグループワークを活性化させるコミュニケーションゲームとその解説をして、後はそれぞれのグループの主権に任せておきます。すると、まあ皆さん熱心に、調べ物はするわ、小道具はつくるわ、衣装は揃えるわ、と様々な個性と工夫を見せて、見応えのある作品を仕上げてきます。

こう書いてしまうと、私がすごく楽をしているように読めるかもしれませんが、実際のところ消費カロリーはものすごく少ないと思います。「演劇」という極めて強力なツールを扱うので、その「強力さ」を損ねないように「場」をデザインさえすれば、後は学生さんたちが勝手に学んでくれるのです。上演後には、「演劇と自分のやっている専門的な研究」をそれはまた見事に繋いだレポートを提出してくれます。

演劇という「コミュニケーションの集積」を扱うには、当然活発なコミュニケーションが発生しなければならないのですが、それはある程度は学生・子どもの個性に依存するものの、大きくは学習環境のデザインにかかっています。学習者の相互作用を促すために、標記のように「コミュニケーション環境のデザイン」に留意しているわけです。

具体的に何に留意しているかというと、教室で学習者同士がストレスなく向かい合える、ということです。つまり、階段教室で机が黒板に向かって固定されている、というような教室ははじめから使用しません。

平田さんが大阪大学に着任した十年ほど前には、そのような「机が固定の教室」しかなかったそうで、まず靴を脱いで、床に座ったり寝そべったりできるワークショップスペースをつくるところから始めたと聞いています。今は随分とフラットな教室が増えました。私の授業では、極端な場合は床に寝そべって学生さん同士がお菓子を食べながらワークを進めていますから、端から見ればだらしなく遊んでいるようにしか見えないでしょう。でも立派に知的な化学反応が起こっているのです。

演劇の場合は、フラットなスペースがあれば、環境としては事足りますが、数学には数学の、家庭科には家庭科の、また単元によっても様々な「適したコミュニケーション環境」が存在するでしょう。それを、学校という「場所の資源」の限られた施設で、他の先生方や行事とうまくシェアしながら進めていくことは、言うほど簡単なことではありません。実際、私たちも学校の現場に出向くときは、寒くてだだっ広くて声が通らない、というスペースしか押さえられず、非常に苦労することがあります。

となると、「それぞれの学習課題に適した場所を、うまくシェアして確保する」ためには、先生同士のコミュニケーションが極めて重要である、ということが見えてきます。

前項では、「よき教師像」を持っていなさそうだ、と書きましたが、先生同士でうまくコミュニケーションを取って、学校の「場所の資源」をうまく活用できるのが、「よき教師」の一つの条件だといえそうです。

セミドキュメンタリーでは、初任者研修がテーマになっていましたが、学校単位での研修や、六年目、十年目、教頭研修などもやっています。「子どもにどんな演劇ワークショップができるか」だけでなく、「先生同士のコミュニケーションの回路を開く」ということも射程に入れた「複目的主義」で実施しています。

メタ視点とレイヤー

教室での、子ども同士の複雑な学びの環境を「阻害しない」ためには、「教室全体」を見渡す視点が必要です。これを心理学などの用語で「メタ視点」と呼びますが、どの程度の高度から見ているかを「メタレベル」と呼びます。昆虫と、鳥と、ヘリコプターでは高度が違うので、見える風景も違うのです。一般的に、発達段階が低いほど、メタ視点がもてない、あるいは低いメタレベルでのメタ視点しかもてない、ということになります。そして、あるメタレベルから見た階層のことを、レイヤーと呼びます。

サッカーでもバスケでも、習熟度が低い選手は、ボールだけを見てボールにばかり気がいってしまいます。習熟度が上がってくると、相手の動きや味方の動き、コート全体が見えて、どのようにゴールを狙うかという戦術眼が身についてきます。これは一段メタレベルが上がり、プレイヤーとして一つ高いレイヤーからゲームを見られるようになった、ということができます。チームの監督は、目先のプレイだけではなく、サッカーなら前後半九十分の試合をどう運ぶか、という視点が必要になります。さらには、目先の試合だけではなく、一シーズンを通した戦い方と、そこから逆算した上でのプレイヤーへの指示が求められます。選手よりも、監督の方が高いレイヤーから見渡していなければなりません。高いレイヤーから俯瞰するというのは、空間的に広く見るだけでなく、時間軸の広がり、つまり一年を通じてどうシーズンを戦うか、数年スパンでどのように選手の世代交代を促すか、などの視点が求められます。空間と時間、つまり時空を超えた把握が必要なのです。

担任の先生は、子ども一人ひとりのコンディションや学力を、細かく見ていく必要があると同時に、クラス全体を、一年を通じてどう経営するか、次の学年にどう上がっていかせるのか、さらには中学・高校・大学といった進学先にどう送り出すのか、「よき大人」になるために、逆算してどんな力を今、つけさせなくてはならないのか、把握すべき時空はどんどん広がります。

学年主任ともなれば学年全体を、教頭・校長であれば学校全体を見なければなりませんし、社会の中での学校の位置づけと役割、社会そのものが今後どうなっていくのか、そのようなレイヤーからのメタ視点が求められます。

そして、ただメタレベルを上げればよいわけではもちろんなく、常に子どもの目線まで降りてきて、子どもたちから何が見えているのかを、共有する必要もあるでしょう。

演劇は、メタ視点を得るトレーニングとしては、非常に優秀です。舞台俳優は、自分が観客からどう見えているのかというメタ視点をもたなければ、やっていけません。演出家は、俳優たちを観客と同じ視点から俯瞰して演出しますが、同時に社会における作品の位置づけを把握し、何を表現するのか、どんな新しい価値を提示するのか、それらを明確にした上で、作品に反映させなくてはなりません。このように、演劇公演のプロセスには必ずメタ視点が必要で、それでも自分のことはなかなか自分ではわかりませんから、お互いにああでもないこうでもないと指摘し合い、補完し合いながらつくっていきます。

私は、学校での演劇ワークショップは、子どもだけでなく担任の先生も、管理職の先生も、なんなら保護者や地域の人も一緒に出演してやっていくのが一番よいと思っています。そうすることで、子どもも大人も、プレイヤーとしてのレイヤーに立つことと、時空を超えた全体を見渡すことの両方を体験し、その学びを共有することができるはずです。それは、子どもを「よき大人」へと育てるとともに、地域の大人も「もっとよき大人」になる、豊かな学びの機会になると信じています。

二　教師の情報処理能力

静的情報処理と動的情報処理

学校で、座学型の授業を受け、ペーパーテストで採点されるのは、「静的情報処理能力」です。私の偏見かもしれませんが、学校の先生になる人たちというのは、この「静的情報処理能力」について、小中高と高評価を得て、また大学でもそれをしっかりと修めた人が多いのではないでしょうか？

しっかりした授業案をつくり、プリントなどの教材を整え、適切な宿題を出して採点をしてコメントをつけて返す、どれも大変で素晴らしい能力ですが、これらも全て私の分類では「静的情報処理」の範疇です。

授業で子どもをあてる。日常会話をする。喧嘩の仲裁をする。保護者との懇談。これらは全て「動的情報処理」の範疇です。先ほど、学校内の施設をどう割り振るか、というトピックを挙げましたが、「こういう理由で、いついつにこの特別教室を使いたい」という書類を使うのは静的情報処理ですが、その件で会議の場で相手の先生を説得するのは、動的情報処理です。

このように、動的情報処理と静的情報処理は、教師の能力の両輪を成しています。しかし、小中高大と十六年もの間受けてきた教育は、圧倒的に静的情報処理に偏っていたのではないでしょうか？　そうであれば、動的情報処理については、教師として正に動的な日常を過ごす中で、どうにか身に付けなければならないようです。

動的情報処理能力を発揮・向上させるために必要なもの

先ほど、学校の先生が「静的情報処理能力に長けた人種である」との仮説を唱えました。「動的情報処理能力」については、苦手な先生も得意な先生もいらっしゃるでしょう。その能力を経験が育てるという面もあるでしょう。しかし、繰り返し申し上げますが、教師という職業は、動的情報処理を、これでもかと要求され続ける職業です。苦手でも逃れられません。苦手なら、早く克服する必要があります。では、どうしたら克服できるのでしょうか？

アプローチは二つあると思います。一つは、現状でいかに動的情報処理能力を発揮するか。もう一つは、いかに動的情報処理能力を鍛えるか。当たり前の話ですが、日々なんとか対応しながら、向上を図るということです。

日々の対応と向上、これを並行して実現していくために必要なものをズバリ申し上げましょう。「根性」

です。

本章まで、一〇万字以上を読んでもらったはずなのですが、その最後の章の終盤で、まさか「根性論」が出てくるなんて……。根性で解決するなら、こんな本要らないよ！　そう思われた方もいらっしゃるかもしれませんが、私は「根性論」を唱えたのではありません。「根性論」とは「根性さえあれば何とかなる」つまり「根性さえあれば十分」という「十分条件主義」に基づいています。私は「根性が必要である」と「必要条件主義」に基づいて申し上げているのです。

降水確率が五十パーセントという天気予報を見て、傘を持っていくかどうか、どう判断するでしょうか？　性格にもよるでしょうし、訪問先が街中か田舎かによっても、判断が分かれるでしょう。いずれにせよ五十パーセントという降水確率は、私たちに「雨が降るか降らないか」という命題について、何も論理的な根拠を示してくれません。それでも、傘を持っていくか持っていかないかを「決断」しなくてはなりません。これは「静的情報処理」の範疇ですし、濡れるくらいどうってことないかもしれませんが、もしあなたがイベント会社の社長で、社運をかけた野外イベントの実施を目前にして、「降水確率が五十パーセント」との予報が示されたとき、中止か決行かという決断を下すとなれば、同じ「天気にまつわる決断」であっても、重さは全く違います。最後は「経営者として、どうするか」という自負や責任感、そして「根性」で決断しなくてはならないのです。

「静的情報処理」であれば、他の要素を見比べたり、落ち着いて考えたりという余地があります。ですが、その場で即応しなくてはならない「動的情報処理」では、圧倒的に乏しい判断材料を基に決めなくてはなりません。そうなると、「教師としての自負や責任感」と「根性」の重要性は、さらに大きくなります。

もちろん、決断を避け、とりあえず場当たり的にやってみたら、なぜか上手くいった、ということはあり得ます。しかし、それでは能力は向上しません。能力は、自負と責任感と根性という土台の上に積み上がって向上するものなのです。

では、「根性」を鍛え「動的情報処理」のトレーニングに最適なものは何か、といわれたら、一〇万字以上おつきあいいただいてきた皆さんには、もはや答えは明白でしょう。もちろん「演劇」です。「始まってしまったら、待ったなしの動的な環境において、人前で何かやる」という演劇は、まさに根性だめしのために存在しているかのようです。しかしありがたいことに、プロで演劇をやるというのでもない限り、失敗しても「恥をかく」だけです。そして「恥をかいて、それを乗り越える」ことで、さらに根性がつきます。上手くいけば、成功体験となって自信がつきます。

根性は、滝に打たれたり、トライアスロンに参加したりしても身につく、というご意見ももっともだと思いますが、演劇はそれ自体が「授業を行う能力」との親和性が高いのです。

そういう意味では、失敗が許される「研修」という場で先生方が演劇に挑戦するというセミドキュメンタリーで取り上げたI市教育委員会の取組みは、実に理にかなっているといえるのです。

三　越境する力を獲得する

インタープロフェッショナルワーク

「インタープロフェッショナルワーク」という言葉をご存知でしょうか？　聞いたことはなくても英単語の意味から、語意は推測できると思います。私はこの言葉を、一緒に仕事をしている大学病院の内科の先生から初めて聞きました。

そのとき、私は「ああ、お医者さんが、医療ロボットの技術向上のために工学者と組んだり、病院の建物の安全のために建築士と組んだり、そういう仕事のやり方のことだろう」と直感的に思ったのですが、医療業界においては「医師と看護師、検査技師、栄養士といった、様々な専門家が連携して仕事をする」という意味で使う言葉だと説明されました。なるほど、板前やプロボクサーとの連携は想定されていないのか、射程の短い概念だなぁ、と感じました。ちなみに、法学の研究者の方に「医療業界でインタープロフェッショナルワークといったら、どういう意味だと思います？」と尋ねたところ、「内科医と外科医の連携、とかいう意味ですかね」との回答でした。演劇人は何でもいたずらに射程をのばし、逆に法学者は近い範囲で厳密に物をとらえるという「同じ言葉を聞いても受け取り方が違う」好例だと思いました。

話が横道にそれましたが、これまで本書の中で何度も「いろんな人を学校に招き入れて、一緒に演劇をしたらよい」ということを提案してきたのは、この「インタープロフェッショナルワーク」という言葉で説明できる気がします。様々な人々（大人でなくてもいいのです）と、よってたかって一緒に子どもを育てるイメージです。

教室に通う子どもたちは、それぞれ人格と人権を持ち、将来は様々な仕事に就くわけです。教師一人がもたらすことができる「多様性」には当然限界がありますし、複数の教師がかかわるとしても、ある職業にはその職業なりの「均質さ」が宿命的に存在します。「多様性の時代」の教育は、教師だけでは担えないと思います。ですので、第五章の鼎談で平田さんが唱えた「発注力」は、今後はむしろ教師にとって不可欠な能力になっていくのだと考えています。

そういう私たちも、教育だけでなく医療、介護、法律、建築、防災、防犯といった様々なジャンルのプロと協働しています。演劇は、子どもからお年寄りまで、どんな立場でどんな仕事をしている人でも、共同で取り組めるという稀有なツールであり、これを使わない手はありません。

「疲れたら負けだ！」は、私が主に大学生に対して、「大人の心得」としてお伝えするいわばキャッチコピーです。最近の大学生は真面目で、これを聞くと目をパチクリさせる人が多いのですが、私の「いかにも疲れなさそうな仕事スタイル」を目の当たりにしていると、妙に納得していただいているようです。

ここまで、「未知なる演劇に飛び込む」、「外のいろいろな人と組む」、と疲れそうなことばかりを提案してきました。しかし、疲れてもらってはいけません。それでは負けなのです。

なぜ疲れたら負けなのか。少なくとも私は、疲れているときはクリエイティビティが発揮できません。よい台本も書けないし、よいシーンを演出できないし、よい演技ができません。

「プロのヒマ人」である演劇人から見て、学校の先生はやはり忙しすぎて、疲れているように思います。子どもを育てる、というクリエイティビティが強く求められる仕事では、「疲れ」は敵だと思うのです。もっと、先生たちの仕事が楽になればいい、楽しくなればいいと、本気で思います。

教師と演劇人が、それぞれの持ち味を発揮して化学反応を起こし、教室が楽しくなったら、そしてその大人同士の働く様子が、実に楽しそうであったら、そこにいる子どもたちは、「ああ、大人も大人で楽しそうだな」と感じてくれるのではないでしょうか？

そして、「大人になるのも、悪くなさそうだ」と子どもたちが思ってくれたなら、教室に現れた異邦人としての私たちの責任は、八割方果たせたと言ってよいように思えます。

子どもたちと、先生方と、子どもでも先生でもない人たちと、教室で「芝居づくり」ができる日を、楽しみにしています。

著者紹介

蓮行（れんぎょう）

一九七三年名古屋市生まれ。劇作家・演出家・劇団衛星代表。大阪大学特任講師。京都大学経済学部卒。演劇の社会教育力に着目し、多くの演劇ワークショップ事業を手がける。対象は未就学児から社会人、高齢者まで幅広い。劇団衛星は京都を拠点にした、団員が全員プロという非常に珍しい劇団。社会的メッセージがあるような無いような作品群を、劇場のみならず、寺社仏閣・教会・廃工場等で上演。その活動は全国に渡り、茶道劇『珠光の庵』は四十七都道府県上演を目指して巡演中。

平田（ひらた）オリザ

一九六二年東京都生まれ。劇作家、演出家。城崎国際アートセンター芸術監督、こまばアゴラ劇場芸術総監督、劇団「青年団」主宰。東京藝術大学COI研究推進機構特任教授、大阪大学コミュニケーションデザイン・センター客員教授、四国学院大学客員教授・学長特別補佐。

一九八二年に劇団「青年団」結成。「現代口語演劇理論」を提唱し、一九九〇年代以降の演劇に大きな影響を与える。一九九五年『東京ノート』で第三十九回岸田國士戯曲賞受賞。二〇〇三年日韓合同公演『その河をこえて、五月』で、第二回朝日舞台芸術賞グランプリ受賞。二〇〇六年モンブラン国際文化賞受賞。二〇一一年フランス国文化省より芸術文化勲章シュヴァリエ受勲。近年はフランスを中心に各国との国際共同製作作品を多数上演している。

演劇ワークショップ実施に関するお問い合わせ先

特定非営利活動法人フリンジシアタープロジェクト

〒600-8445　京都府京都市下京区岩戸山町440 江村ビル2F KAIKA内
TEL:075-276-5779
MAIL:info@fringe-tp.net

特定非営利活動法人PAVLIC（パブリック）

〒153-0041　東京都目黒区駒場1-40-8-B1F
URL:www.npo-pavlic.org
MAIL:info@npo-pavlic.org

演劇コミュニケーション学

2016年(平成28年)2月29日　初版発行

編著者　蓮行／平田オリザ
発行者　佐々木秀樹
発行所　日本文教出版株式会社
http://www.nichibun-g.co.jp/
〒558-0041　大阪市住吉区南住吉4-7-5　TEL:06-6692-1261

写真　プロローグ　川瀬一絵(株式会社ゆかい)
第五章　ただ(株式会社ゆかい)
編集協力　伊部玉紀
装丁・デザイン　山本和久(Donny Grafiks)
印刷　株式会社ユニックス
製本　渡邉製本株式会社

ISBN978-4-536-60083-5 Printed in Japan.

きょうのよてい
3時間目　れんしゅう
4時間目　1組さんとみせあいっこ
5時間目　さんかん日